JN013331

フルーツサンドの探求と
料理・デザートへの応用

果実とパンの組み立て方

ナガタユイ

はじめに

いろいろなサンドイッチを作る中で、
組み立てているとき、カットするとき、
そして、それを誰かに食べてもらうとき、
私自身が一番楽しくて、まわりの笑顔が広がるのが
"フルーツサンド"です。

日本では定番ですが
"フルーツサンド"は日本独自のサンドイッチです。
しっとりソフトで口溶けのよい食パンから生まれた、
日本の食パンだからこそのおいしさです。

パンとクリームと季節のフルーツ。
シンプルだからこそ、
バランスにこだわって、丁寧に組み立てると
味わいがガラッと変わります。

フルーツの個性がひと目で伝わるよう
仕上がりのビジュアルにもこだわりたいものです。
まずは、レシピ通りのクリームの量で、
写真の通りにフルーツを並べてみてください。
完成したときの感動はひとしおです。

本書では、フレッシュなフルーツだけでなく、
ジャムやコンポートに加工したり、
ドライフルーツや、ナッツの使い方、
料理やチーズとの組み合わせまで
"果実"と"パン"のおいしさを探りました。

"果実"と"パン"が好きな全ての方にお届けします。

旬の味覚を楽しみながら、
あなただけのスペシャルなサンドイッチに挑戦してみてください。

ナガタユイ

Contents

本書の使い方

・本書で取り上げた定番サンドイッチ名は、一般的な名称です。
・本書内の“サンド”とはサンドイッチ(sandwich)のことで、日本独自の略称です。
・大さじは15㎖、小さじは５㎖です。
・E.V.オリーブ油はエクストラヴァージンオリーブ油の略です。

01

パンに合わせる
基本の 果実

フルーツの 種類

「果実」とは多年草と樹木になる食用の実のことで、いちごやメロンなど1年草に
なる果実は野菜として扱われ「果実的野菜」や「果菜」と呼ばれています。ここで
は、ナッツ類を除いた「果物」と「果菜」をフルーツとします。

あまおう

「あかい・まるい・おおきい・うまい」
の頭文字から命名された、福岡県のオ
リジナル品種。大粒で甘く、果肉の中
まで赤いので、サンドイッチにしたと
きの断面のインパクトが強い。

紅ほっぺ

大粒で深い甘みとしっかりとした酸味
やコクが感じられる。香り高く、果肉
がかためで日持ちがよく、サンドイッ
チに使いやすい。酸味があるため、ジ
ャムにしてもバランスよく仕上がる。
静岡県の品種。

とちおとめ

栃木県のいちご生産量の約9割を占め
る栃木県のオリジナル品種。栃木県は
いちご生産量が全国トップで、流通量
が多い。甘みが強く酸味は控えめで日
持ちもよい。

スカイベリー

「とちおとめ」の後継品種として開発さ
れ、人気上昇中の高級品種。通常のい
ちごの3〜4倍の大きさで、香り高く、
甘みと酸味のバランスがよい。

さがのほのか

その名の通り佐賀県生まれ。大粒で果
皮は鮮やかな赤だか、果肉と果芯は白
い。糖度が高く、酸味は少ない。果肉
がかためで日持ちがよい。

アメリカ産いちご

国産いちごが手に入りにくい6〜11月
を中心に輸入されている。国産いちご
が手に入りにくいときに重宝する。国
産いちごに比べると酸味が強く果肉は
かため。ヘタと一緒に芯のかたい部分
を取ると食べやすい。

ラズベリー

鮮やかな赤色で、さわやかな香りと甘酸っぱい味が特徴。木いちごの一種で、小さな粒が集まって一つの実となっている。ラズベリーは英語で、フランス語はフランボワーズ。傷みやすいので丁寧に扱う。

ブルーベリー

甘みと酸味のバランスがよく小粒で食べやすい。日本でも栽培量が増えており、夏場には国産品も手に入りやすい。サンドイッチには大粒のものが使いやすい。

川中島白桃

長野県生まれの品種。甘みが強く、大玉でややかため。果肉は白いが、種の周りは赤い。サンドイッチ作りには、果肉の白と中心部の赤い色合いを生かしたい。

黄桃

濃い黄色の果肉で、しっかりとした甘みがあり濃厚な味わい。肉質がしっかりとしており、コンポートに向く。手頃な価格の缶詰も手に入りやすいので、気軽に使える。

ソルダム（プラム）

アメリカ生まれの中生種で、緑がかった果皮の中は、鮮やかな紅色が印象的。甘みが強くジューシーな味わい。プラムは水分が多いので、ジャムに加工してサンドイッチやタルティーヌに使うのがよい。

太陽（プラム）

山梨県で発見された晩生種。大玉で、しっかりとした甘みがある。紫がかった鮮やかな果皮で、実は乳白色。実が締まったものは、焼いても美味。肉料理やサラダに添えたり、パンにのせてトーストしても。

秋姫（プラム）

山梨県で発見された晩生種。大玉で穏やかな酸味とすっきりした甘みのバランスがよい。赤紫の果皮で、実は黄色。プラムは品種により栽培時期がずれているため、初夏から秋にかけて品種違いで長く楽しめる。

プルーン

ヨーロッパすももの1種。輸入品のドライプルーンだけでなく、国産の生食用プルーンも夏から秋口まで流通している。甘酸っぱくジューシーな味わいで皮ごと食べられる。ジャムにしても美味。

あんず

日本でも古くから栽培されており、杏仁（種子）は薬として用いられてきたが、旬が短く、生あんずの流通量は限られている。ジャムやコンポートにすると酸味の甘みのバランスがよく、加工に向く。

フルーツの **種類**

桝井ドーフィン（いちじく）

日本では最も一般的な品種。夏と秋に2度収穫できるため、流通期間が長く日持ちもよい。みずみずしく、さっぱりとした甘みが特徴。水溶性の食物繊維のペクチンが豊富でジャムにも向く。

ブラックミッション（いちじく）

カリフォルニア産の黒いちじく。小粒で、国産品に比べると果肉はかために締まっており、日持ちもよい。ねっとりとした食感とさっぱりした甘みで、ドライの他、コンポートやジャムの加工にも向く。

フィレンツェ（白いちじく）

日本では流通量が少ないが、ヨーロッパ原産のさまざまな品種が栽培されるようになってきている。小ぶりで黄緑色の果皮の白いちじくは、熟しても色づかないが、果肉は黒いちじくと同様に赤くなる。

シャインマスカット

大粒で甘みが強く、豊かなマスカット香が特徴。皮が薄く、皮ごと食べられることから人気が高く、生産量が増えている。鮮やかなグリーンも美しく、フルーツサンドの食材としても人気が上昇中。

瀬戸ジャイアンツ

岡山生まれの品種で、丸みがある独特の粒の形が桃に似ており「桃太郎ぶどう」とも呼ばれる。大粒で糖度が高くジューシー。皮が薄いので、皮ごと食べられる。シャリッとした食感も心地よい。

デラウェア

甘みが強く、小粒で種もなく、食べやすい。近年は大粒ぶどうに押され、生産量が減っているが、今でも日本では栽培量が多い品種。小ぶりなサイズを生かして、自家製レーズンにしてもよい。

ナガノパープル

長野県のオリジナル品種で、大粒で甘みが強く皮が薄い。サクッとした歯ごたえで渋みがなく、皮ごと食べられることも魅力。近年人気が高まっている。

紫苑

大粒で糖度が高くジューシー。種がなく食べやすい。多くのぶどうが最盛期を終える10月から12月にかけて出荷されるため、冬ぶどうとも呼ばれる。

輸入ぶどう

近年、輸入ぶどうの流通量が増えており、一年を通じて手に入りやすくなっている。左から、スイートサファイア、トンプソン、レッドグローブ。いずれも皮ごと食べられるのが魅力。

温州みかん

日本を代表する柑橘。手でむけて食べやすいことから、海外でも人気が出てきている。甘みが強く、ジューシー。種がなく皮が薄いので、サンドイッチにしても食べやすい。

甘夏

正式名称は「川野夏橙」といい、大分の果樹園で発見された。夏みかんよりも甘みがあり酸味が少なく食べやすい。ほのかな苦みですっきりした後味。本書ではシロップ漬けにした缶詰を使用。

水晶文旦

大型の柑橘で果皮が厚い。果肉はさっぱりとした上品な甘さで、粒感があり食感がよい。厚い皮は、砂糖煮やマーマレードにして楽しむことができる。

バレンシアオレンジ

世界中で親しまれているスイートオレンジの代表品種。ジューシーで、程よい酸味とすっきりとした甘みがある。果肉だけでなく、果皮も加工して使うことができる。

レモン

酸味が強く、さわやかな芳香が特徴。世界中で料理や菓子に広く使われる。日本では輸入レモンが主流だが、近年は国産レモンの栽培が増えている。果皮が緑色のうちに収穫するため、国産品はグリーンのものも多い。

ライム

日本ではメキシコ産が多く流通している。果皮が薄く緑色。レモンのようなしっかりとした酸味と苦みがあり、独特の芳香が特徴。皮の香りもよく、すりおろして使える。

キウイ

中国原産だが、ニュージーランドで品種改良が進み世界中に広まった。日本では輸入品が主流だが、国産品も増えてきている。鮮やかなグリーンが美しく、酸味と甘みのバランスがよい。

べにしゅうほう
紅秀峰

国産さくらんぼを代表する「佐藤錦」を親に持つ晩生種。佐藤錦よりも大玉で糖度が高く、サンドイッチに使用しても存在感がある。果肉がかためで日持ちがよい。

アメリカンチェリー

国産さくらんぼと比べると大粒で、甘みも香りも強く濃厚な味わい。果皮は赤黒く中まで赤い。果肉がかためでサックリとした食感。コンポートにしてもよい。

13

フルーツの 種類

紅玉
りんごは人類が口にした最古のフルーツと言われており、世界中にさまざまな品種がある。紅玉は、酸味が強く果肉はかたく締まっているため加工に向く。製菓用として人気が高い。

ジョナゴールド
ゴールデンデリシャスと紅玉のかけ合わせで、甘みと酸味のバランスがよい。鮮紅色の果皮も美しく、サンドイッチに使いやすい。果肉がかためで加熱にも向く。

シナノゴールド
黄りんごの代表的な品種であるゴールデンデリシャスと千秋のかけ合わせで、長野で育成された中生種。糖度が高く、ほどよい酸味とさわやかな香り、サクサクした食感が特徴。

豊水（日本なし）
日本で最も生産量が多い和梨は「幸水」で、その次が「豊水」。中生種の大玉の赤なし。果汁がたっぷりで甘みが強い。肉質はやわらかく、さっぱりと食せる。

ラ・フランス（西洋なし）
フランス原産の晩生種。完熟すると甘みが増す。濃厚でとろけるような食感が特徴。小ぶりなサイズで扱いやすい。生食はもちろん、コンポートやジャムなどの加工にも向く。

平核無（柿）
新潟原産の種なしの渋柿で、渋抜き後出荷される。種がないため食べやすく、しっかりとした甘みが楽しめる。サクサクした食感だが、熟すにつれてとろりとやわらかくなる。

 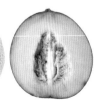

アールス系メロン（緑肉メロン）
表皮が網目で覆われた「ネットメロン」で、高級品種のアールスフェボリット種を育てやすく改良したもの。香り高くしっかりとした甘みがある。サンドイッチには熟し過ぎないものを選ぶ。

ルピアレッド（赤肉メロン）
果肉は鮮やかなオレンジ色でβカロテンを多く含む。さっぱりとした後味の緑肉メロンに対し、濃厚な甘みとふくよかな香りがある。生ハムと合わせるなら赤肉メロンがよい。

アボカド
「森のバター」との異名を持ち、最も栄養価の高い果物としてギネス世界記録に認定されている。なめらかな食感と鮮やかな色が特徴で、サンドイッチ食材として人気が高い。

パイナップル

糖度が高くジューシーで、甘く豊かな香りが広がる。繊維質が多く芯がかたいが、芯までやわらかい品種もある。輸入品がほとんどを占め、年間を通じてフレッシュなものが手に入りやすい。

バナナ

一年を通じて安定して安価で流通しており、日本人の1世帯当たりの果物消費量（総務省統計局による家計調査）の1位。ねっとりとした食感と濃厚な甘みが特徴で手軽に食べられるのも魅力。

モンキーバナナ

長さが7〜9㎝ほど、1本50g前後で食べやすい。やわらかく濃厚な甘みが特徴。一般的なバナナに比べると高価だが、サンドイッチには使いやすいサイズ。

アーウィン（マンゴー）

国内で多く栽培されており、人気の高い品種。「アップルマンゴー」とも呼ばれる。大きな卵型で、濃厚な甘みととろけるような食感がある。

ケント（マンゴー）

メキシコ原産で、熟すと赤くなる「アップルマンゴー」の一種。繊維質が少なく、舌触りがなめらか。しっかりとした甘みとほのかな酸味がある。

ナムドクマイ（マンゴー）

タイ産で、果皮も果肉も黄色く「ゴールデンマンゴー」とも呼ばれる。糖度が高く、コクのある甘みとなめらかな食感が特徴。

フルーツでサンドイッチを作る前に

　一口にフルーツと言っても、その味わいや食感、食べ方はさまざまです。皮ごと食べられるのか、皮はむく必要があるのか、生食がよいのか、加工したほうがよいのか。また、種の有無によって、切り方や用途が変わります。さらにマンゴーのように種の形状や位置を知らないとカットしにくいものもあります。まずは、フルーツそのものを味わって、その個性を生かすには、どんなパンに合うのか、どんなクリームを合わせたらよいのかを考えます。同じフルーツでも品種によって甘みや酸味のバランス、食感が違います。大きく切るか、薄くスライスするかでバランスも変わります。

　また、1種類のフルーツにするのか、複数を組み合わせるのかで、美しい断面の作り方や目指すべき味の方向性も変わります。

　小さな違いを一つ一つ試しながら組み立てると、シンプルなフルーツサンドが、とびきり贅沢なスイーツに変身します。

ドライフルーツの 種類

乾燥させることにより、フルーツそのものの味わいが凝縮され、フレッシュなものとは違う独特のおいしさが生まれます。しっかりとした甘みと酸味は、パンと合わせたときに少量でも存在感があります。

カリフォルニアレーズン

レーズンの世界の生産量の約4割がカリフォルニア産とされ、最も一般的なレーズン。完熟したぶどうを天日干しにしており、濃厚な甘みとねっとりとした食感が特徴。

サルタナレーズン

トルコ産のレーズンで、カリフォルニアレーズンよりも天日干しの期間が短く、黄色みがかった明るい色合いが特徴。皮が薄く、すっきりとしたナチュラルな甘みとほのかな酸味がある。

カランツ

標準的なレーズンの1/4のサイズで、種なしのミニレーズンで作られる。香りが強く、しっかりとした酸味がある。サラダなどでは、レーズンよりも控えめなアクセントとして使いやすい。

ドライブルーベリー

ブルーベリーの甘みと酸味が凝縮した、濃厚な味わい。フレッシュなブルーベリーとブルーベリージャムとドライブルーベリーを組み合わせて、それぞれの味わいを同時に楽しむのもよい。

ドライアプリコット

ドライフルーツの王様ともいわれ、世界中で親しまれ、製菓でもよく使われる。写真はトルコ産のソフトタイプで、さっぱりした味わいが特徴。このままコンポートにしてもよい。

ドライプルーン（種抜き）

西洋すもものプルーンを乾燥させたもので、ねっとりとした食感と濃厚な甘みが特徴。果肉はやわらかく酸味のバランスもよい。鉄分やビタミンB群、食物繊維が豊富。

ドライ黒いちじく

プチプチした食感が楽しく、やさしい甘みで酸味は少ない。食物繊維や鉄分が豊富で、そのままで食べやすい。このままコンポートにしてもよい。

イラン産ドライ白いちじく

完熟させてから摘み取っているため、口がぱっくりと開いている。比較的小粒でかたいが、甘みが凝縮していて濃厚な味わい。このままでパンやチーズのお供としていただくのがおすすめ。

干し柿

そのままでは食べられない渋柿をおいしく食べるための生活の知恵から生まれた日本の伝統食品。和の印象があるが、パンによく合う。バターやチーズと組み合わせてもよい。

マンゴー

ドライにしてもトロピカルな香りと濃厚な味わいがあり、ドライフルーツの中でも人気が高い。水分を含むと生のような食感に戻るので、サラダなどに使用すると味わいが引き立つ。

ドライパイナップル

甘く濃厚な味わいの中に、心地よい酸味が広がる。繊維が多くサクサクした食感が楽しめる。戻すとフレッシュに近い味わいになる。粗く刻んでクリームチーズと合わせてもよい。

バナナチップ

薄切りにしたバナナをココナッツオイルで揚げたもので、サクサクした食感とやさしい甘みで食べやすい。ドライフルーツ感覚で、フルーツサンドのトッピングに使ってもよい。

ドライフルーツを作る

オーブンやディハイドレーター（食品乾燥機／p.53参照）を使えば、気軽に
ドライフルーツを手作りできる。市販品に比べてフレッシュな味わいで、
乾燥具合も好みで調整できる。旬のフルーツがたくさんあるときに試して
みたい。

レーズンの作り方

1 小粒で種のない品種のデラウェアは比較的挑戦しやすい。オーブンシートを敷いたバットに、房から外したデラウェアを並べ、120℃に予熱したオーブンに入れ、約2時間焼いて水分を飛ばす。

2 皮の全体にしわが寄っているが、中には水分がありジューシーな状態。粗熱がとれたら保存容器に入れて冷蔵庫で保存する。乾燥加減は好みで、水分が多いセミドライに仕上げてもよい。

ドライりんごの作り方

1 りんごは皮付きのままくし形切り（p.24切り方4参照）にして、ディハイドレーターの網の上に並べる。中温（60℃程度）にセットして乾燥させる。

2 6〜8時間を目安に好みの加減まで乾燥させる。しっかりと乾燥させると保存性が高まる。保存容器に入れて冷蔵庫で保存する。

ドライ柿の作り方

1 柿は皮をむき、くし形切り（p.24切り方6参照）にして、ディハイドレーターの網の上に並べる。中温（60℃程度）にセットして乾燥させる。

2 6〜8時間を目安に好みの加減まで乾燥させる。しっかりと乾燥させると保存性が高まる。保存容器に入れて冷蔵庫で保存する。

ナッツの種類

かたい殻や皮に包まれた食用の果実や種子の総称で、食べられる"木の実"です。
殻や皮をむいて乾燥させたものが一般的で、栄養価が高く、古代から貴重な保存
食として利用されています。パンと合わせるときはローストして香ばしさを出し
たり、ペースト状にして塗ったり、少し手を加えて使います。

くるみ

パンによく合うナッツとして、パンの
練り込みにも使いやすい。身体によい
とされているオメガ3脂肪酸や抗酸化
物質（ポリフェノール、メラトニン）を
豊富に含む。生食もできるが、ロース
トがおすすめ。

アーモンド（ホール）

栄養価が高く、特にビタミンEが豊富
で、近年はスーパーフードとしても注
目されている。ローストして香ばしさ
を出すとパンとよく合う。アーモンド
ミルクや、アーモンドバターの人気も
広がっている。

アーモンドスライス

サンドイッチにはスライスアーモンド
が便利。濃いめに色づく程度に、しっ
かりとローストするのがおすすめ。フ
ルーツサンドのアクセントに使用した
ときに香ばしさが際立つ。

ピスタチオ

旧約聖書に登場するシバの女王が好ん
だとされ「ナッツの女王」とも呼ばれ
る。淡い緑色が特徴的で、風味のよい
オレイン酸やリノール酸など不飽和脂
肪酸やカリウムを豊富に含む。

ピスタチオ（スーパーグリーン）

濃い緑色が特徴的な、若い実を収穫し
た、生のピスタチオ。鮮やかな色が印
象的で、フルーツサンドの仕上げに、
粗く刻んでトッピングに使うとよい。

ペカンナッツ

アメリカでは人気の高いナッツで、焼
き菓子などによく使われる。抗酸化物
質を多く含み、アンチエイジング食品
として注目されている。本書では他の
ナッツとミックスして使用している。

ヘーゼルナッツ

殻付きはどんぐりのような形状が特徴
的。オレイン酸やビタミンEを豊富に
含み、アンチエイジング食材としても
人気。香り高く、菓子材料としても使
われる。チョコレートとの組み合わせ
も人気。

栗

秋の味覚として人気の高い栗は、ナッ
ツの中では脂肪分が少なくでんぷん質
が多い。甘みが強く、ペーストや甘露
煮などの加工品も多く、菓子材料とし
てはもちろん、料理素材としても広く
活用できる。

ピーナッツ

名前にナッツとつくが、木の実ではな
く、土の中で実が育つマメ科の果実。
パンとの組み合わせでは、ピーナッツ
バターが人気が高い。オレイン酸やリ
ノール酸などの不飽和脂肪酸やビタミ
ンEが豊富。

カシューナッツ

西インド諸島が原産で、カレーにも使
われる。りんごのようなよい香りのす
る果実（カシューアップル）の先端にで
きる。勾玉のような形状で、ほんのり
甘みがあり、さっくりとした軽い食感
が特徴的。

マカダミアナッツ

日本ではハワイ土産としてチョコレー
トやコーヒーのフレーバーとして人気
だが、オーストラリア原産のナッツ
で、先住民族のアボリジニは古くから
栄養源としてきた。世界一般がかたい
といわれる。

松の実

中国では薬膳料理の食材として愛され
ており、仙人の霊薬ともいわれるほど
栄養価が高い。イタリアではジェノベ
ーゼの材料にしたり、料理や菓子材料
としても広く使われる。

ナッツの下ごしらえ

パンとの組み合わせでは、香ばしさやカリッとした食感を生かしたいもの。
味つけのされていないものを用意し、使用場面に応じて加工して使います。

ローストする

ナッツは近年ローフード食材として非加熱で使用する場面も増えているが、パンと合わせる場合は、しっかりとローストしたい。香りと食感が際立ち、アクセントとして少量の使用でも存在感が増す。

ロースト方法：160℃に予熱したオーブンで約10分焼くのを基本として、焼き色を見て加減する。ホールのものは、サイズにより時間を延ばす。アーモンドスライスの場合は、重ならないように広げると均一に焼ける。

ペーストにする

ピーナッツバターやアーモンドバター（p.49参照）のように、ペースト状にしてナッツバターにして使用する場面が多い。ナッツバターはそのままパンに塗ったり、サンドイッチのアクセントとして使用できる。写真は市販品のピスタチオペースト（p.79で使用）とマロンクリーム（p.114、116で使用）。ピスタチオペーストは高価で味も濃厚なので、クリームに少量加えて風味づけに使用する。マロンクリームは栗のペーストに甘みとバニラ風味をつけたもので、ジャム感覚で使用できる。

はちみつに漬ける（ナッツのはちみつ漬け）

ホールのままローストしたナッツを好みでミックスしたものをはちみつに漬けるだけ。手軽に作れるはちみつ漬けは、パンに合うナッツの保存食として人気。ナッツは油脂分が多く酸化しやすいが、はちみつに漬け込むことでおいしさが長持ちする。ナッツとはちみつは同量を目安にし、ナッツがしっかりとはちみつに浸かるように量を加減するとよい。はちみつはアカシアなど、クセのないものが使いやすい。香ばしさとほのかな苦みのある栗の花のはちみつを使用すると大人っぽい味わいに仕上がる。

キャラメリゼする

ローストしたナッツをキャラメルコーティングすることで、ほろ苦さとカリッとした食感が楽しめる。

キャラメルナッツの作り方（作りやすい量）
鍋にグラニュー糖125gと水大さじ1を入れ、火にかける。グラニュー糖が溶けてシロップ状になったらミックスナッツ（ロースト）250gを加えて耐熱ベラで一気に混ぜ合わせる。ナッツの周りにシロップがからまり温度が下がることで、白く結晶化する。そのままかき混ぜながら加熱を続ける。シロップが茶色く色づきキャラメル状になったら、無塩バター10gを加えて混ぜ合わせる。ベーキングシートを敷いたバットに広げて冷ます。

フルーツの 切り方

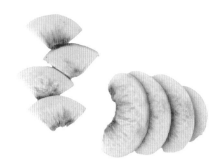

フルーツをパンに合わせるとき、主にサンドイッチにする際に使うカット方法を紹介します。形やサイズをそろえるのはもちろんのこと、フルーツの味わいが偏らないように均一に切るのがポイントです。特別な切り方はありませんが、迷ったときの参考にしてください。

桃

切り方 ／ 果肉がやわらかく繊細なので、やさしく扱う。まるごと皮をむきたい場合は湯むきするとよい。

1 桃はヘタの部分から中央のくぼみに沿ってナイフを入れる。種に当たったら、ナイフをぐるりと一周させて切る。

2 左右の手で両側を持ち、それぞれの手を反対に回すようにしながら二つに分ける。実がやわらかいので、つぶさないようにやさしく持つ。

3 二つに分けると、片側に種が付いている。

4 ナイフの先で、種の周りの繊維を切る。

5 種を外す。

6 桃がやわらかい場合は、ナイフで引っかけるようにして引っ張るとするりとむける(p.86で使用)。

7 スライスする場合は、**6**の後、使用場面に適した厚さに切る(p.84で使用)。

8 くし形切りの場合は、**5**の後、縦方向に切る。使用場面に適した厚さに切り、皮をむく(p.87で使用)。

9 いちょう切りの場合は、**8**の後、さらに使用場面に適した厚さに切る(p.85で使用)。

オレンジ

切り方 ／ 果肉を房ごと切り出す際は、白いワタや薄皮が残らないようにする。

1 オレンジのヘタ側を水平に切り落とす。

2 反対側も同様に切る。

3 切り落とした部分を底にし、皮と実の間にナイフを沿わせるように上から下に向かって皮を切り離す。

4 3を繰り返し、ぐるりと一周し皮を全部むく。

5 白いワタの部分や薄皮が残っていれば丁寧にむく。

6 房ごとに果肉を切り出す。薄皮に沿って房の内側にナイフを入れる。

7 反対側からも中央に向かって切り込みを入れ、果肉を切り出す(p.104、177で使用)。

8 皮を使用する場合は、白いワタを丁寧にそぐ。

9 使用場面に応じたサイズのせん切りにする(p.146で使用)。

フルーツの **切り方**

メロン

切り方 ／ 種の周りの糖度が高く、皮に近づくほど低くなるので、くし形切りにすると味のバランスがよい。

1 つるの部分を切る。

2 縦半分に切る。

3 種の部分は上下の筋の根元を切る。

4 スプーンを使い、種を取り出す。

5 さらに縦半分に切る。

6 使用場面に適したサイズのくし形に切る。ここでは**5**を半分にし、1/8サイズに切っている。

7 皮をまな板に押しつけた状態で安定させて、果肉と皮の間にナイフを入れ、メロンのカーブに沿って皮を切る。

8 使用場面に適した厚さのいちょう切りにする(p.82で使用)。

9 **6**からさらに薄いくし形切りにしたい場合は、中央で半分に切ってから薄切りにし、**7**と同様に皮を切る(p.83で使用)。

マンゴー

切り方 ／ 平らな種の形状と位置を把握するのがポイント。刃がしなるナイフを使うと切りやすい。

1 マンゴーは中央に平らな種が入っている。ヘタの所を基点とし、その約1cm両側にナイフを入れる。種に沿って実を切り外す。

2 片面を切ったら裏返し、反対側も同様に切る。種のある中央部分と実の部分の3枚に切り分ける。

3 皮をむく。

4 種の両端にも実があるので、種に沿って実を切り離す。

5 種に付いた実は、種をまな板に立ててそぎ落とすようにすると無駄なく使える。

6 実は使用場面によってハーフカット（p.90で使用）、またはスライスする（p.75、91で使用）。

アボカド

切り方 ／ 果肉がやわらかくつぶれやすいので、皮をむいた後はやさしく扱う。

1 アボカドは中央に丸い種が入っている。ヘタの所を基点にし、種に当たるまでナイフを入れ、そのままぐるりと一周させて切る。

2 左右の手で両側を持ち、それぞれ反対方向にひねるようにして二つに分ける。

3 片側には種が付いているので、ナイフの刃を当てる。

4 2と同じようにナイフの側と実を持った側の手を反対方向にひねるようにすると種が取れる。

5 皮をはがすようにむく。手でむくか、ナイフにひっかけてはがす。

6 使用場面によって縦方向（p.120で使用）、または横方向にスライスする（p.118で使用）。

りんご

切り方 ／ 皮の赤と実の淡い黄色のコントラストが楽しめるよう、皮が均一に付くように切るとよい。

1 縦半分に切る。

2 くり抜きスプーン（p.52フルーツデコレーター参照）で芯をくり抜く。

3 芯の上下をV字に切り取る。

4 くし形切りにする場合は、ここから放射状に縦方向に切る（p.17で使用）。

5 芯を中心にして横向きに半月状に切る。サンドイッチにする場合は、カーブがきれいに出るこの切り方がおすすめ。

6 使用場面に適した厚さに切る（p.110、112、135で使用）。

柿

切り方 ／ サンドイッチに使用する場合は、種なしが使いやすい。ヘタの周囲のかたい部分は丁寧に切り取る。

1 縦半分に切る。

2 ヘタと一緒に周囲のかたい部分を切り取る。

3 皮をむく。

4 さらに半分に切る。いちょう切りにする場合は、これ（1/4カット）を横方向にスライスする（p.76で使用）。

5 中心部を基点に、くし形切りにする。

6 使用場面に適した厚さに切る（p.17で使用）。

パイナップル

切り方 ／ 芯はかたいのでくり抜いて使う。芯抜き器があると便利。

1 葉を手でつかんで回し取り、上下を水平に切り落とす。

2 まな板に立てて、皮を切る。芽(茶色いボツボツの部分)の内側にナイフを入れ、縦に切り落とす。

3 2の作業を繰り返し、きれいに皮を切り落としたところ。

4 芯抜き器を中心部に刺して芯をくり抜く。芯抜き器がない場合は、縦方向にくし形に切ってから中心部を切り落とすとよい。

5 芯をくり抜いたところ。

6 使用場面に適した厚さに切る。ここからさらに使いやすい6～8等分に切る(p.75、141で使用)。

キウイ

切り方 ／ 中心部が白く、その周囲に黒い種、グリーンの果肉が広がる特徴的な断面が生きるように切る。

1 ヘタを切り落とす。

2 花落ち側は中央にかたい芯がある。端から薄く切るように水平にナイフを入れると、中央の芯に当たる。

3 芯に沿ってぐるりと1周ナイフを回し、皮ごと上に引くと、皮のほうに尖った芯が取れる。

4 縦に皮をむく。

5 使用場面に適した厚さの輪切りにする(p.71、73、93で使用)。

6 大きく使いたい場合は、縦に半分または4等分に切る(p.70、72、92で使用)。

フルーツの加熱 ジャム

フルーツは加工することで、生食とは違うおいしさを引き出すことができます。加工によって保存性が高まり、旬のおいしさを長期間楽しむことができるのが魅力です。加工品として最も一般的なのは、フルーツを砂糖で煮てペクチンの作用でゲル化したジャム（jam）です。フランス語ではコンフィチュール（confiture）といい、柑橘類で作るマーマレードも、透明なジュレも含む総称です。

あんずジャム

あんずは旬が短くて傷みやすいため、生食する機会は限られています。しっかりとした酸味と独特の芳香はジャムやコンポートにすることでより際立ち、加工に向いています。使用範囲も広いので、毎年作りたいジャムの一つです。

材料（作りやすい量）
あんず …… （正味）1kg
グラニュー糖 …… 400g（あんず重量の40%）
あんずの種……適量

3 あんずから水分が出て、グラニュー糖が溶けるまで2時間ほどおく。あんずが熟していない場合は時間がかかるので、ラップをして冷蔵庫に一晩おいてもよい。

1 あんずは縦方向に半分に切り、種を取る。実はさらに4等分に切り計量する。

4 香りを高めたいときは、あんずの種を一緒に煮る。お茶パックに入れて煮ると、後から出しやすい。かたい殻を割り、杏仁だけを取り出して使ってもよい。

2 あんずとグラニュー糖を入れて全体を混ぜ合わせる。

5 3を鍋に移し、中火にかけて煮る。あらかじめグラニュー糖となじませておくことで、水分に浸かった状態になり、加熱しやすい。沸騰するまで、鍋肌をこそげながら耐熱ヘラで混ぜる。

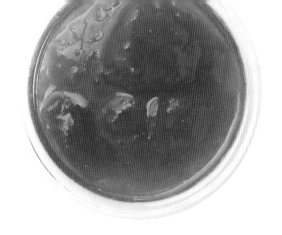

＊本書では、フルーツのフレッシュさを生かすため、グラニュー糖の量は果実量の40％を基本にしている。あんずのように酸味の強い果実は、レモン果汁を加えなくても果実そのものの酸味だけで味のバランスがよい。糖度が低いジャムは常温での長期保存には向かないため、未開封の状態でも冷蔵保存だと安心。保存性を高めたい場合は、グラニュー糖を果実量の60％程度まで増やし、レモン果汁（果実量の3〜5％）を加えるとよい。

6 アクが出てきたらレードルで丁寧にすくい取りながら5分ほど煮る。湯を沸かした小鍋の中にレードルをくぐらせると、レードルについたアクが再度鍋に戻るのを防げる。

9 熱いうちにふたをゆるく締め、瓶を少し揺らす。次にふたを少しあけるとシュッと音がして空気が抜ける。その後素早くふたを締め直す。

7 さらに5分ほど煮てアクが出てこなくなり、全体がとろりとしてツヤが出てきたら火を止める（冷水にジャムを落とすと、ぽってりと固まる程度が目安）。

10 長期保存する場合は、鍋に湯を沸かし、瓶詰めしたジャムを10分間弱火で加熱殺菌するとよい。

瓶の煮沸消毒法

8 煮沸消毒した清潔な保存瓶に入れる。瓶口の5mm下までを目安にする。ジャムロート（p.53参照）があると瓶口にジャムが付いて汚れることがなく便利。

清潔な瓶を用意する。鍋にたっぷりと湯を沸かし、ふたを外した状態で瓶とふたを入れて強火で5分ほど煮る。トングを使い、ペーパータオルを敷いたバットに逆さに取って乾かす。鍋から取り出す際に、しっかりと水気を切ってから乾燥させ、ふきんで拭いたりしない。

27

フルーツの加熱 ジャム

プルーンジャム

甘みと酸味のバランスがよくペクチンが豊富なため、あんずと同様にレモン果汁を加えず、果実そのものの味わいを生かすのがおすすめです。あんずに比べると国内の生産量が多く、出回る期間も長いので、夏から秋にかけて作りやすいジャムです。

材料(作りやすい量)
プルーン …… (正味)1kg
グラニュー糖 …… 400g

3 プルーンとグラニュー糖をボウルに入れて全体を混ぜ合わせる。プルーンから水分が出て、グラニュー糖が溶けるまで2時間ほどおく。

6 沸騰してアクが出てきたら、レードルで丁寧にすくい取る。

1 プルーンは縦方向にナイフを入れて半分に切り、中心の種を取る。

4 グラニュー糖が溶けてなじんだ状態。果汁に浸かった状態になるので、加熱しやすい。

7 さらに5分ほど煮てアクが出てこなくなり、全体にとろりと粘度がつきツヤが出てきたら、火を止める。

2 半分に切ったものを、さらに6等分に切る。

5 4を鍋に移し、中火にかけて煮る。

8 煮沸消毒した清潔な保存瓶に入れる。瓶口の5mm下までを目安にする。ジャムロート(p.53参照)があると瓶口にジャムが付いて汚れることがなく便利。

文旦マーマレード

マーマレード（marmalade）は、ポルトガル語のマルメラーダ（marmelada）「マルメロのジャム」に由来し、やがて柑橘類のジャムを指すようになりました。最も一般的なのはオレンジマーマレードで、文旦以外にも甘夏、はっさくなど、国産の柑橘類でもアレンジできます。皮ごと使うので、素材にはこだわりましょう。

材料（作りやすい分量）
文旦 …… 1個（実250g、皮120g）
グラニュー糖 …… 150g
レモン果汁 …… 20㎖
ペクチン※ …… 4g
※LMペクチンを使用。

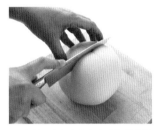

1 文旦の皮に上から十字に切り込みを入れる。

2 切り込みに沿って、皮をむく。

3 皮を放射状に切り、白いワタを半分程度の厚さにそぎ落としてから2㎜程度の細切りにする。薄皮をむき、実を房から出し、種を取る。皮と実を計量する。

4 鍋にたっぷり湯を沸かし、皮を加えて約5分ゆでる。ざるに上げ、水気をよく切る。

5 鍋に文旦の実と皮を入れ、グラニュー糖の3/4量とレモン果汁を加えて混ぜ合わせる。グラニュー糖が溶けたら、中火にかける。沸騰したらアクを取る。

6 ペクチンはそのまま加えるとダマになるので、あらかじめ残りのグラニュー糖と混ぜ合わせる。

7 6を5に少量ずつ加える。

8 5分ほど煮てアクが出てこなくなり、全体にとろみがつきツヤが出てきたら火を止める。煮沸消毒した清潔な保存瓶に入れる。

フルーツの **加 熱** ┃ ジャム ┃

いちじくジャム

酸味が少なく上品な甘みのいちじくは、ジャムにすることで濃厚な
味わいが引き出せます。ここでは皮付きのまま作っていますが、皮
をむくとよりなめらかに仕上がります。プチプチとした食感のアク
セントも魅力的です。

材料（作りやすい分量）
いちじく※ …… 250g
グラニュー糖 …… 100g
レモン果汁 …… 15㎖
※ここではブラック・ミッション（カリフォ
ルニア産黒いちじく）を使用。

作り方

いちじくは一口大に切り、グラニュー糖と混ぜ
合わせる。グラニュー糖が溶けたら鍋に入れて
中火にかける。沸騰したらアクを取る。レモン
果汁を加え、全体がとろりとしてくるまで煮る。

いちごジャム

さまざまなフルーツのジャムがある中で、日本で一番食べられてい
るのがいちごジャムです。日本で初めて作られたジャムもいちごジ
ャムで、ヨーロッパでも古くから愛されています。生食でおいしい
糖度の高いものよりも、酸味の強いもので作るのがおすすめです。

材料（作りやすい分量）
いちご …… 250g
グラニュー糖 …… 100g
レモン果汁 …… 15㎖
ペクチン※ …… 3g
※LMペクチンを使用。

作り方

いちごは4等分に切り、グラニュー糖の2/3量
と混ぜ合わせる。グラニュー糖が溶けたら鍋に
入れて中火にかける。沸騰したらアクを取る。
残りのグラニュー糖にペクチンを混ぜ合わせ、
鍋にふり入れ、さらに煮る。レモン果汁を加え、
全体がとろりとしてくるまで煮る。

ラズベリージャム

プチプチとした種の食感が特徴的。甘酸っぱさのバランスがよく、パンに合わせる他、お菓子作りにも活用できます。フレッシュなラズベリーは手に入りにくく高価なので、冷凍品を使うとよいでしょう。

材料(作りやすい分量)
ラズベリー(冷凍) …… 250g
グラニュー糖 …… 100g
レモン果汁 …… 10㎖

作り方
ラズベリーとグラニュー糖を混ぜ合わせる。グラニュー糖が溶けたら鍋に入れて中火にかける。沸騰したらアクを取る。レモン果汁を加え、全体がとろりとしてくるまで煮る。

ブルーベリージャム

ベリーのジャムの中ではいちごの次に人気が高く、作りやすいジャムです。粒感がそのまま残っており、食感の楽しさもあります。フレッシュなものも手に入りやすくなっていますが、季節によっては冷凍品を使うとよいでしょう。

材料(作りやすい分量)
ブルーベリー …… 250g
グラニュー糖 …… 100g
レモン果汁 …… 15㎖
ペクチン※ …… 3g
※LMペクチンを使用。

作り方
ブルーベリーとグラニュー糖の2/3量を混ぜ合わせる。グラニュー糖が溶けたら鍋に入れて中火にかける。沸騰したらアクを取る。残りのグラニュー糖にペクチンを混ぜ合わせ、鍋にふり入れ、さらに煮る。レモン果汁を加え、全体がとろりとしてくるまで煮る。

フルーツの加熱 ｜ ジャム ｜

ソルダムジャム

甘みと酸味のバランスのよさと真っ赤な果肉が印象的なソルダ
ムは、ジャムにしても鮮やかな色と味わいが生きています。ソ
ルダム以外のプラムでも、同様に作ることができます。

材料(作りやすい分量)
ソルダム …… (正味)250g
グラニュー糖 …… 100g
レモン果汁 …… 15㎖

作り方
ソルダムは種を取り、一口大に切ってグラニュ
ー糖と混ぜ合わせる。グラニュー糖が溶けたら
鍋に入れて中火にかける。沸騰したらアクを取
る。レモン果汁を加え、全体がとろりとしてく
るまで煮る。

マンゴージャム

生食で人気の高いマンゴーは、ジャムにしてもその豊かな風味
やリッチな味わいが楽しめます。ここではフレッシュなマンゴ
ーを使用していますが、冷凍品で作るのもよいでしょう。

材料(作りやすい分量)
マンゴー …… (正味)250g
グラニュー糖 …… 100g
レモン果汁 …… 15㎖

作り方
マンゴーは一口大に切り、グラニュー糖と混ぜ
合わせる。グラニュー糖が溶けたら鍋に入れて
中火にかける。沸騰したらアクを取る。レモン
果汁を加え、全体がとろりとしてくるまで煮る。

●マンゴージャムは、ソースやマスタードなど
の調味料と組み合わせた使い方もおすすめで
す。調味料と合わせる場合は、ハンドブレンダ
ーで攪拌し、ピュレ状に仕上げます。

ジャム + 食材アレンジ！

ブルーベリージャム + クリームチーズ

材料（作りやすい分量）
ブルーベリージャム（p.31参照）…… 50g
クリームチーズ …… 100g
作り方
ブルーベリージャム：クリームチーズ
＝1：2の割合で混ぜ合わせる。

● クリームチーズとジャムを合わせたものは、それだけでレアチーズケーキのような味わい。サンドイッチの素材として活用できます。全体をしっかりと混ぜ合わせるより、さっくりとラフに合わせたほうが、クリームチーズとジャムのそれぞれの味わいが感じられます。

ブルーベリー＆クリームチーズ

あんずジャム + 白あん

材料（作りやすい分量）
あんずジャム（p.26〜27参照）…… 50g
白あん …… 100g
作り方
あんずジャム：白あん
＝1：2の割合で混ぜ合わせる。

● あんずは和菓子に使われることも多く、白あんによく合います。和のフルーツサンドに使うと懐かしくも新鮮な味わいです。あんずの他、いちじくやマーマレードを合わせてもよいでしょう。

あんずあん

マンゴージャム + ディジョンマスタード

材料（作りやすい分量）
マンゴージャム（p.32参照）…… 50g
ディジョンマスタード …… 50g
作り方
マンゴージャム：ディジョンマスタード
＝1：1の割合で混ぜ合わせる。

● マンゴーの豊かな香りと濃厚な味わいは、調味料と合わせたときもその個性がしっかりと発揮されます。ディジョンマスタードとの組み合わせは、意外なおいしさ！ ふくよかな味わいで、肉系食材によく合います。

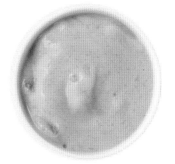

マンゴーマスタード

マンゴージャム + 中濃ソース

材料（作りやすい分量）
マンゴージャム（p.32参照）…… 50g
中濃ソース …… 50g
作り方
マンゴージャム：中濃ソース
＝1：2の割合で混ぜ合わせる。

● マンゴーの甘酸っぱさがソースとマッチして奥行きのある味に。フルーティーな中濃ソースがさらにフルーティーで濃厚な味わいになります。かつサンドとの組み合わせが特におすすめです。

マンゴーソース

フルーツの加熱 コンポート

コンポート（compote）とはフルーツのシロップ煮のことで、水やワイン、砂糖とスパイスでフルーツを煮ることで保存性が高まります。ジャムよりも糖度が低く、フルーツのフレッシュな風味や食感を味わえるのも魅力です。ドライフルーツで作る場合は、水で戻してから煮るとよいでしょう。

アメリカンチェリーのコンポート

国産のさくらんぼに比べると果肉がかたく、大粒で濃厚な甘みがあり、加工にも向きます。キルシュで香りを、レモン果汁で酸味を補うとバランスよく仕上がります。

材料(作りやすい分量)
アメリカンチェリー …… (正味)300g
グラニュー糖 …… 150g
レモン果汁 …… 15㎖
キルシュ酒 …… 15㎖

1 アメリカンチェリーは種抜き器(p.53参照)で種を取り、計量する。

2 鍋に水120㎖（分量外）とグラニュー糖を加えて中火にかけ、グラニュー糖を煮溶かす。

3 2に1を加えて中火にかける。

4 アクが出てきたら丁寧にすくい取りながら弱火で5分ほど煮る。

5 キルシュ酒とレモン果汁を加えてひと煮立ちさせる。火を止めて、清潔な保存瓶に入れる。粗熱がとれたら冷蔵庫で保存する。

黄桃のコンポート

黄桃は白桃と比べると果肉が締まっているため、加熱に向きます。缶詰で代用することができますが、手作りのフレッシュ感は格別です。香りのよいシロップごと、デザートに使うとよいでしょう。

材料(作りやすい分量)
黄桃(半割にして種を取る) …… 2個
グラニュー糖 …… 300g
白ワイン …… 50㎖
レモン果汁 …… 30㎖
はちみつ …… 20g
バニラビーンズ …… 1/2本

1 鍋にグラニュー糖、はちみつ、水600
㎖(分量外)、白ワイン、ペティナイフで中の種をこそげ取ったバニラビーンズをさやごと鍋に入れ、火にかける。

2 沸騰したら黄桃を加え、火を弱めて5分煮る。アクが出てきたらすくい取る。

3 黄桃の上下を返し、キッチンペーパーで落としぶたをしてさらに2分煮る。

4 黄桃をバットに取り出し、ペティナイフを使って皮をむく。加熱することで、湯むきのように引っ張るだけでするりとむける。

5 黄桃を鍋に戻し、レモン果汁を加えてひと煮立ちさせる。清潔な保存瓶に入れ、粗熱がとれたら冷蔵庫で保存する。

フルーツの加熱 コンポート

いちじくのコンポート

いちじくをコンポートにするとジューシーさとふくよかな甘みが際立ちます。赤ワインの他、シナモンや八角などのスパイスを加えると香りよく仕上がります。熟したものは煮崩れやすいので、かたく締まったもので作りましょう。

材料(作りやすい分量)
いちじく※ ⋯⋯ 300g
グラニュー糖 ⋯⋯ 150g
赤ワイン ⋯⋯ 150㎖
はちみつ ⋯ ⋯20g
レモン果汁 ⋯⋯ 15㎖
シナモン ⋯⋯ 1本
※ここではブラック・ミッション(カリフォルニア産黒いちじく)を使用。

1 いちじくはかたい軸を切る。

2 いちじくに楊枝を数カ所刺して穴を開ける。こうすることで、中にシロップがしみ込みやすくなる。

3 鍋にグラニュー糖、赤ワイン、水100㎖(分量外)、レモン果汁、シナモンを入れて中火にかけ、グラニュー糖を溶かす。沸騰したらはちみつを加える。

4 鍋に2を加えて中火にかける。沸騰してアクが出てきたらすくい取る。火を弱めて5分ほど煮る。

5 いちじくがふっくらと煮上がったら火を止める。清潔な保存瓶に入れ、粗熱がとれたら冷蔵庫で保存する。

フルーツの缶詰

缶詰のフルーツはシロップ煮です。市販のコンポートと考えると、利用シーンが広がります。生のフルーツが手に入りにくい時期や、コンポートを手作りするのが難しい場合に使ってみましょう。

黄桃の缶詰（半割）

鮮やかなオレンジ色が印象的で、彩りのアクセントにぴったりです。半割のものは、ここからさらにスライスの仕方を変えることで、用途が広がります。ソフトな食感が食パンとのバランスがよく、使用場面の多い缶詰です。

アプリコットの缶詰（半割）

黄桃と同様に鮮やかなオレンジ色が印象的です。小ぶりでソフトなので、少量ずつ使えるのが魅力です。洋風のスイーツにも和菓子風にも組み合わせがきき、使いやすい缶詰です。

白桃の缶詰（半割）

缶詰の中では比較的高級な部類で、黄桃よりソフトで繊細な味わいが楽しめます。白桃は生だと色が変わりやすいのが難点ですが、コンポートなら褐変を気にすることなく使えます。酸味の強いラズベリージャムとの組み合わせがおすすめです。

甘夏の缶詰

柑橘類は皮をむくのが手間ですが、缶詰ならそのまま実だけをいただくことができます。甘夏の缶詰は、甘さの中にもしっかりとした酸味やほろ苦さが感じられる大人の味わいです。シャキっとした食感も新鮮です。

さくらんぼの缶詰

枝付き、種付きのままの形状が印象的。甘くおだやかな味わいで、メインのフルーツとしては使えませんが、彩りのアクセントにぴったりです。

ダークチェリーの缶詰

種抜きで食べやすく、甘みと酸味のバランスのよいふくよかな味わいです。深い赤色が特徴的で、デザートの仕上げにも広く使うことができます。

洋梨の缶詰（半割）

上品な甘みとソフトな食感で食べやすく、洋梨特有の芳香を気軽に楽しむことができます。アーモンドとの相性がよく、スライスしてフルーツサンドやタルティーヌに使うとよいでしょう。

パイナップルの缶詰（スライス）

パイナップル本来の甘さと香り、酸味を気軽に味わえます。甘さ控えめのライトシロップと、濃厚な甘みのヘビーシロップがありますが、フルーツサンドに使う場合はライトシロップがよいでしょう。

フルーツの加熱 [コンポート]

栗の渋皮煮

皮をむくひと手間が最難関。あとは手順通りに作れば失敗がないので、栗の季節にはたっぷり作りたい一品です。和菓子の手法ですが、洋菓子にも広く活用でき、パンによく合います。贅沢に大きなままで使っても、細かく刻んでも。ほっくりした甘みと香りが楽しめます。

材料（作りやすい分量）
栗（鬼皮をむく）…… 850g
グラニュー糖 …… 700g
重曹 …… 大さじ1

3 鍋に鬼皮をむいた栗を入れ、ひたひたの水を入れる。重曹小さじ1を加えて火にかける。

1 栗は皮ごと熱湯に30分ほどつけてから、鬼皮をむく。

4 沸騰したら弱めの中火にして10分ゆでた後、ざるに上げ、軽く洗う。

2 渋皮に傷をつけないように鬼皮に切り込みを入れてから、ペティナイフにひっかけるようにするとむきやすい。

5 渋皮の大きな筋やかたい部分を楊枝を使って取る。この後、**3**、**4**を2回繰り返す。

6 鍋に栗とひたひたの水を入れる。グラニュー糖の半量を加えて火にかける。

9 残りのグラニュー糖を加えてさらに煮る。

7 沸騰したら火を弱め、10分煮る。

10 落としぶたをし、10分ほど煮る。かたさをみて、足りなければさらに煮る。

8 アクが出てくる都度、丁寧にすくい取る。

11 清潔な保存瓶に入れ、粗熱がとれたら冷蔵庫で保存する。

果実に合わせる 基本のクリーム

基本のクリーム 1

クレーム・シャンティイ（crème Chantilly）

生クリームに砂糖を加えて泡立てたクリームは、フルーツサンドイッチで使う基本のクリームとなります。シャンティイの名称は、フランスのシャンティイ市にあるシャンティイ城の料理長が考案したことに由来するといわれます。乳脂肪分が低い生クリームはゆるみやすいので、乳脂肪分40％以上のものがおすすめです。すぐにいただく場合や、軽やかな味わいにしたい場合は、35％程度でもよいでしょう。

材料（作りやすい分量）

生クリーム
（ここでは乳脂肪分42％を使用）…… 200㎖
グラニュー糖※ …… 16g

※本書ではグラニュー糖の基本の分量を、生クリームの8％としている。甘さ控えめですっきりした味わいが、パンとフルーツに調和する。

1 冷蔵庫から出したてのよく冷えた生クリームをボウルに入れ、グラニュー糖を加える。氷水を加えたボウルに重ね、冷やしながら泡立てる。

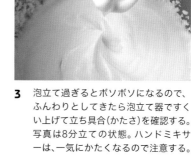

3 泡立て過ぎるとボソボソになるので、ふんわりとしてきたら泡立て器ですくい上げて立ち具合（かたさ）を確認する。写真は8分立ての状態。ハンドミキサーは、一気にかたくなるので注意する。

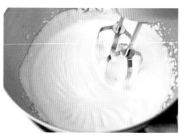

2 泡立て器で泡立てる。ムラができないように、また、グラニュー糖がしっかりと溶けるように全体をよく混ぜ合わせる。

4 すくい上げた時に角がピンと立ち、弾力とツヤがある状態が9分立て。これ以上泡立てると分離し始める。サンドイッチに使う場合はギリギリまでしっかりと泡立てたほうがよい。

マスカルポーネ&生クリーム

基本のクレーム・シャンティイにマスカルポーネを合わせたものは、パンと相性がよいおすすめのクリームです。マスカルポーネの甘みづけには、はちみつを使うのがポイント。はちみつのコクのある甘みやほのかな酸味が、マスカルポーネの味わいを引き立てます。生クリームは、8分立てにしてからマスカルポーネと合わせましょう。最初に合わせて泡立てると立ちやすいですが、すぐにゆるんでしまいます。

材料(作りやすい分量)

生クリーム
(ここでは乳脂肪分42%を使用) …… 200㎖
グラニュー糖 …… 16g
マスカルポーネ※ …… 200g
はちみつ……16g

※マスカルポーネは、イタリアのフレッシュチーズ。酸味が少なくなめらかで、デザートによく使われる。フルーツサンドイッチに使う場合は、イタリア産のものではなく、マイルドな国産のマスカルポーネが向いている。

1 マスカルポーネにはちみつを混ぜ合わせる。

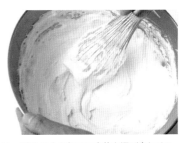

3 残りの**1**を加えて全体を混ぜ合わせる。

2 生クリームはグラニュー糖を加えて8分立て(p.40の作り方**3**参照)にして、**1**を1/3量加えてよく混ぜ合わせる。

基本のクリーム **3**

カスタードクリーム

フランス語ではクレーム・パティシエール(crème pâtissière)。直訳すると
"菓子職人のクリーム"のことで、その名の通りお菓子作りには欠かせないク
リームです。甘みのあるパン生地にたっぷりのカスタードクリームを包み込
んだクリームパンは、日本生まれ。クリームパンの人気からわかるように、
パンとカスタードクリームの相性は抜群です。

材料(作りやすい分量)
卵黄 …… 3個
牛乳 …… 250㎖
グラニュー糖 …… 60g
薄力粉 …… 30g
無塩バター …… 25g
バニラビーンズ …… 1/3本

2 1に薄力粉をふるい入れる。

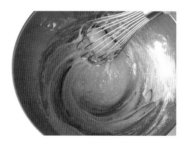

3 2を練らないように混ぜ合わせる。

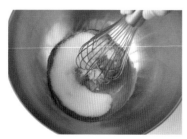

1 卵黄をボウルに入れ、グラニュー糖を
加えてすぐに泡立て器で白っぽくなる
まですり混ぜる。手早く混ぜないと、
グラニュー糖の粒が卵黄の水分を吸い
込んで粒が残るので注意する。

4 鍋に牛乳とバニラビーンズを入れる。
バニラビーンズは縦に切り、ペティナ
イフで中身をこそげ出してからさやご
と鍋に入れる。沸騰直前まで温める。

5　4を3に加え、手早く混ぜ合わせる。

6　鍋に目の細かいざる(もしくはシノワ)を置き、5をこす。バニラのさやや卵のカラザなどがここで取り除かれ、なめらかに仕上がる。

7　中火にかけ、泡立て器でよく混ぜながら加熱する。とろみがつくと鍋底が焦げつきやすいので、手を止めずに全体を丁寧に混ぜ合わせる。途中、火から外してよくかき混ぜてもよい。

8　粘度が出て重くなってくるが、手を休めず、ふつふつと沸騰してから2〜3分加熱を続ける。なめらかさが増したら火を止める。

9　無塩バターを加え、耐熱ヘラで手早く溶かし混ぜる。

10　完成したカスタードクリームはボウルかバットに移す。落としラップをして、底面を氷水に当てて急冷する。粗熱がとれたら冷蔵庫に入れる。

カスタードクリームのバリエーション

レモンカード

柑橘類で作るフルーツカード(fruit curd)の一つで、果汁と卵、砂糖、バターを加熱してクリーム状にしたスプレッドです。卵を使うので、ここではカスタードのバリエーションとして紹介します。

レモンの他にオレンジや国産の柑橘類でも作ることができます。しっかりとした酸味と甘みのバランスがよく、なめらかでコクのある味わいです。バターの量を多めにするとより濃厚な味わいに仕上がります。お好みで以下の分量の倍量まで増やしてもよいでしょう。

材料(作りやすい分量)
レモン果汁(搾ってからこす) …… 100㎖
レモンの皮 …… 1個分
卵 …… 2個
グラニュー糖 …… 100g
無塩バター …… 50g

＊耐熱ガラスボウルを使うと、湯煎での火の当たりがやわらかく、失敗が少ない。

1 レモンはよく洗い水気を取ってから、黄色い部分だけをゼスターグレーター(p.53参照)でおろす。

2 卵はカラザを取り除き、ボウルに入れ、レモン果汁と1を加えて混ぜ合わせてからグラニュー糖を加える。

3 グラニュー糖を加えたらすぐによく混ぜ合わせる。手早く混ぜないと、グラニュー糖が卵黄の水分を吸い込んで粒が残るので注意する。

4 鍋に湯を沸かし、3を湯煎で温めながら加熱する。卵が固まらないように泡立て器で撹拌を続ける。

5 一口大に切った無塩バターを加える。

8 耐熱ヘラで混ぜながら、もったりとして透き通るようなクリーム状になるまで湯煎で加熱する。

6 無塩バターを溶かしながら、泡立て器で攪拌して乳化させる。

9 目の細かいざる、もしくはシノワでこす。こすとよりなめらかに仕上がるが、この工程は除いてもよい。

7 弱火で加熱しながら、攪拌を続ける。

10 煮沸消毒して乾燥させた清潔な保存瓶に入れる。

ミルク系クリームのバリエーション

リコッタクリーム

リコッタはイタリアのフレッシュチーズで、チーズ製造時に出たホエイ（乳清）を再加熱して固めたもの。低脂肪でさっぱりとした味の中にミルクの甘みが感じられます。はちみつで甘みをつけるだけでなく、塩を加えると味がグッと締まり、パンとのバランスが整います。黒こしょうでアクセントをつけると大人味のクリームになります。

材料（作りやすい分量）
リコッタ …… 100g
はちみつ …… 16g
塩 …… ひとつまみ
黒こしょう（粗挽き）…… 少々

作り方
リコッタにはちみつ、塩、黒こしょうを加え、よく混ぜ合わせる。

マスカルポーネごまクリーム

マスカルポーネとはちみつにすりごま（白）を合わせるだけ。ほんのりと甘みのあるマスカルポーネにごまの香りがマッチして、懐かしくも新鮮な味わいです。フルーツサンドイッチやタルティーヌに、幅広く使えます。いちじく、あんず、柿との組み合わせが特におすすめです。

材料（作りやすい分量）
マスカルポーネ …… 100g
すりごま（白）…… 15g
はちみつ …… 10g

作り方
マスカルポーネにすりごまとはちみつを加え、よく混ぜ合わせる。

キャラメルナッツクリームチーズ

キャラメリゼしたナッツの香ばしさと、コクのあるクリームチーズが好相性。クリームチーズのほのかな塩気がナッツの香りと甘みを引き立てます。クリームチーズのしっかりとしたテクスチャーは、ソフトなパンだけでなくハード系のパンともよく合います。

材料(作りやすい分量)
クリームチーズ …… 100g
キャラメルナッツ(p.19参照) …… 50g
塩 …… ひとつまみ

作り方
クリームチーズに粗く刻んだキャラメルナッツと塩を加え、よく混ぜ合わせる。

ホワイトチョコ風味のレーズンバター

レーズンバターのおいしさに、ホワイトチョコレートで甘みを、生クリームでなめらかさを加えました。このままパンに塗るだけで上質なスイーツになります。ラム酒漬けレーズンで作ると大人っぽい味わいに。ドライいちじくやドライアプリコットなど、お好みのドライフルーツでアレンジしてもよいでしょう。

材料(作りやすい分量)
ホワイトチョコレート
(湯煎で溶かす) …… 50g
無塩バター(一口大に切る) …… 50g
生クリーム …… 50ml
レーズン …… 40g

作り方
レーズンはさっと湯通しして、ざるに上げて水気を切る。小鍋で生クリームを温め、ホワイトチョコレートを加える。さらに無塩バターを加え、全体がなめらかになるまで泡立て器で混ぜ合わせる。レーズンを加えて混ぜ合わせ、小鍋ごと氷水に当てて粗熱がとれるまで冷やす。

ショコラペースト

チョコレートの原料のカカオ豆は果実の種子ですので、チョコレートは果実の加工品です。チョコレート系のスプレッドは、上質なチョコレートを使うと大人のスイーツになります。生クリームやバターの量を調整して、お好みの味を探してください。生クリームが多めの配合にすることで、冷蔵庫から出したてでもパンに塗りやすい状態に仕上がります。

材料(1単位分)

ビターチョコレート※
(カカオ分60%以上のもの) …… 100g
生クリーム(乳脂肪分42%) …… 200㎖
無塩バター …… 30g
ラム酒 …… 小さじ1

※カカオ分が少ないと、冷やしても固まらないことがあるため、カカオ分の多いビターチョコレートを使用する。

1 生クリームを鍋に入れ、沸騰直前まで温める。火を止めてから、ビターチョコレートを加えて混ぜながら溶かす。

3 ラム酒を加えて混ぜ合わせる。ラム酒の量は好みで。ブランデーやコアントローなど、好みの洋酒を使用してもよい。

2 小さく切った無塩バターを加えて、泡立て器でしっかりと攪拌し乳化させる。ハンドブレンダーを使用してもよい。

4 鍋ごと氷水に当てて、泡立て器で混ぜながら粗熱をとる。もったりとしてきたら、保存容器に移し、冷蔵庫で保存する。

アーモンドバター

アメリカではピーナッツバターと並んで近年人気が高まり、ヴィーガンメニューとしても注目されています。強力なブレンダーさえあれば簡単に作れるので、アーモンドの他、お好みのナッツでアレンジしてもよいでしょう。塩は入れたほうが味が締まりますが、砂糖はお好みではちみつに替えたり、無糖にしてもおいしくいただけます。

材料(作りやすい分量)
アーモンド(ロースト)…… 250g
きび砂糖 …… 25g
塩 …… ひとつまみ

作り方
アーモンド、きび砂糖、塩をブレンダーに入れ、なめらかになるまで撹拌する。ここでは粒感が残る程度にしているが、撹拌時間を長くするとよりなめらかになる。好みで調整するとよい。

ショコラペースト + ラズベリージャム

フランボワーズショコラペースト
材料(作りやすい分量)
ショコラペースト(p.48参照) ……1単位分
ラズベリージャム(p.31参照) ……100g

作り方
ショコラペーストとラズベリーのジャムをよく混ぜ合わせる。ここではよく混ぜ合わせているが、軽く合わせるだけでマーブル状にすると、それぞれの個性が際立って味わいの印象が変わる。

ショコラペースト + キャラメルナッツ

キャラメルナッツショコラペースト
材料(作りやすい分量)
ショコラペースト(p.48参照) …… 1単位分
キャラメルナッツ(p.19参照) …… 50g

作り方
ショコラペーストに粗く刻んだキャラメルナッツを加え、よく混ぜ合わせる。キャラメルナッツはお好みでフードプロセッサーで粉砕してから合わせてもよい。

フルーツサンドイッチの法則
果実とパンの組み立て方

果実の個性を生かしてパンを組み合わせるために、フルーツサンドイッチを
作る前に知っておきたい組み立ての基本を紹介します。

 STEP 1 ## 食パンと果実をシンプルに合わせる（単品フルーツサンドを作る）

法則 ①　**ソフトでしっとりしたシンプルな食パンを使う**

角食パンが基本。ふたをして焼き上げるので、しっとりとなめらかな食感。
やわらかなフルーツとの食感のバランスがよく、たっぷり合わせても口溶けがいい。

法則 ②　**フルーツは単品で使う**

フルーツとパンをストレートに味わうには、まずはフルーツ1種類で試してみて、
味や食感の不足がある場合に食材を追加する。

法則 ③　**フルーツの個性を引き立てるクリームを合わせる**

マスカルポーネ＆生クリームをベースにする。
コクや香りが足りない場合は、カスタードクリームやジャムで補う。

法則 ④　**フルーツの個性が生きる断面を作る**

フルーツサンドの魅力は、美しい断面の力が大きい。
フルーツの味わいや食感が生かせて、ひと目で何のフルーツがわかる断面を意識する。
例：いちごのサンドイッチ各種（p.56〜67参照）

 STEP 2 ## 複数の果実を組み合わせる（ミックスフルーツサンドを作る）

法則 ⑤　**彩りを生かす**

ミックスフルーツサンドは、色の異なるものを複数組み合わせると華やかに仕上がる。
あえて同系色で、繊細な色合いのグラデーションを楽しんでもよい。
例：ミックスフルーツサンド（p.68〜73参照）

法則 ⑥　**味の方向性をそろえる**

ベリー系、トロピカル系、柑橘系などあえて同種のフルーツを組み合わせる。
また、同じ季節のフルーツを複数組み合わせても、味のバランスが整いやすい。
フレッシュのオレンジとマーマレードとオレンジピールを合わせるなど、同じフルーツで加工方法の
違うものを複数組み合わせて、一つのフルーツのさまざまな味わいを楽しむのもよい。
例：季節のミックスフルーツサンド（p.74〜77参照）

法則 ⑦　**食感や味わいが相反するものを組み合わせる**

甘みが強くねっとりしたバナナにカリッと香ばしいナッツをアクセントにしたり、
さらに塩味の強いベーコンを合わせるなど、個性の強い複数の食材を組み合わせることで、
それぞれの味わいを際立たせる。
例：バナナとピーナッツバターとベーコンのホットサンド（p.109参照）

STEP 3 定番サンドイッチに果実をアクセントとして使う
（フルーツサンドイッチの幅を広げる）

法則 ⑧ **調味料としてアクセントに使う**

定番の組み合わせに、ドライフルーツやジャム、ナッツを少量合わせると、甘みや酸味、食感がよいアクセントになります。そのまま使う他、マスタードやソースにジャムを混ぜ合わせるのもおすすめです。違和感なく、おいしさが底上げされます。
例：果実が名脇役　世界のサンドイッチ（p.151〜167参照）

果実を使った
クリスマスの発酵菓子

ヨーロッパには、伝統行事にちなんだ菓子やパンが各種あります。
果実をたっぷり使ったものでは、クリスマスの発酵菓子が有名です。
ここでは、ドイツ、フランス、イタリアの代表的な発酵菓子を紹介します。

シュトレン（stollen）

ドイツで親しまれている、クリスマスの発酵菓子。ドライフルーツやナッツをたっぷり混ぜ込んで、独特の形に焼き上げる。使用する食材によって、さまざまなバリエーションがある。日本ではベーカリーのクリスマス菓子として定番化している。薄くスライスして食する。

ベラヴェッカ（berawecka）

フランス・アルザス地方のクリスマスに欠かせない発酵菓子。アルザス語で洋梨の小さなパンという意味で、bireweck、biereweckeなど、さまざまな綴りが見られる。その名の通り、洋梨が多く使われる他、さまざまなドライフルーツがミックスされる。発酵生地に対して、ドライフルーツの量が圧倒的に多く、薄くスライスして食する。

パネトーネ（panettone）

イタリア・ミラノの伝統的な発酵菓子。パネトーネ種（イタリア北部の伝統的な発酵種）を使い、バター、卵、砂糖入りのリッチな生地にドライフルーツを加える。元々はクリスマス菓子だが、現在では一年を通じて作られている。ソフトで口溶けがよく、朝食やおやつとしても人気。好みの大きさに切り分けて食する。

果実の 道具

果実のカットや調理法はさまざまあり、それぞれに合わせた専用の道具があります。専用の道具を使うことで、調理の難易度が格段に下がり、調理時間が短縮できます。ここでは本書で使用したものの一部と、あれば便利な遊び心のあるグッズを紹介します。

バナナカッター

バナナのカーブに沿ったデザインで、皮をむいたバナナにのせて押さえると均一な厚さにスライスできる。スライスしたバナナをトーストの上にのせるときや、厚さをそろえたいときに使いたい。

アップルカッター

りんごの上から真下に両手で押し下げると、きれいなくし形に切れる。芯も同時に取れるので、大量に均一にカットしたいときに向く。写真は8等分タイプだが、10等分にできるものもある。

アボカドカッター

先の尖ったほうで皮ごとアボカドを切り、中央の刃を利用して種を取り、丸いスライサー部分ですくい取るようにして皮をむくことなくスライスすることができる。アボカド好きなら利用シーンは多い。

パイナップルスライサー

パイナップルの上下を切り落とし、中心に差し込み、ハンドルを回していくことで、皮と芯を切り分けながら実をスライスできる。輪切りではなく、らせん状につながって切れるので、使用場面に応じてさらに切って使う。

芯抜き器

りんごや洋梨の芯を抜くのに便利。芯のある中心部にしっかりと差し込んでから引き抜くと芯が取れる。小ぶりなパイナップルにも使用できる。

フルーツデコレーター

丸いくり抜きスプーンと飾り切りやヘタ取りに使えるV型のナイフがセットになっており、フルーツの飾り切りが手軽にできる。くり抜き器、フルーツボーラーとも言う。

いちごのヘタ取り

いちごのヘタを取るときに根元のかたい部分も一緒にくり抜くことができる。いちごの品種によっては必要ないが、芯がかたいいちごの場合はあると便利。

チェリー、オリーブの種抜き器

チェリーやオリーブの種を取るための専用の道具。丸いくぼみに枝を取ったチェリー（またはオリーブ）を入れ、ハンドルを握ると種が抜ける。チェリーのコンポートやジャム、サンドイッチを作る機会が多いなら必携。

ゼスターグレーター

切れ味がよく、柑橘類の皮を細かくおろすことができる。柑橘類以外にもナッツやハードチーズ、しょうが、にんにくなどの香味野菜にも使える。利用シーンが多く、持っていると重宝する道具の一つ。

レモン搾り器

半分に切ったレモンを丸い部分にはさみ、ハンドルを握って果汁を搾る。上から押しつけて搾るタイプのものに比べると、少ない力でしっかりと搾ることができる。

くるみ割り器

くぼみの部分にくるみを殻ごとはさみ、ハンドルを強く握ってかたい殻を割る。大きなくぼみはくるみに、小さいくぼみは銀杏やアーモンドに使用できる。あんずの種から杏仁を取り出すときにも便利。

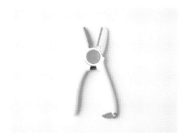

栗の皮むき

手間のかかる栗の皮むきにあると便利な専用カッター。力加減によって、渋皮を残して鬼皮だけむくことも、渋皮までむくこともできる。数個をむいてコツがつかめると手早くむける。軍手をして使うと安心。

銅鍋

銅は熱伝導率が高いため、ジャム作りに適している。鍋の温度が均一になり、短時間で煮上がるので、フルーツのフレッシュ感を残したまま色鮮やかに仕上がる。銅は酸化すると緑青が出やすい。変色したら塩と酢を混ぜた液体をつけたスポンジでやさしく洗う。

ホーロー鍋

ホーローは焦げにくく、酸に強いので、食材の色や味に影響が出ない。匂いや色も移らず衛生的。銅鍋に比べると手入れが楽なので、家庭用として使うのにおすすめ。

ジャムロート

完成したジャムを瓶詰めするときに瓶の口に入れて使う。一般的なロートと比べて広口なので、ドロッとしたジャムも詰まらず注ぎやすい。液だれすることなくジャムが熱いうちに手早く瓶詰めできる。

ディハイドレーター

温風を食材に吹きかけながら水分を飛ばす食品用乾燥機。手作りのドライフルーツを作るときに使う。自然乾燥だと気温や湿度に左右されるが、温度管理ができるので安定して仕上がる。温度や時間によって乾燥加減を調整できるのも魅力だ。

02
パンに果実を
はさむ

いちご ✕ 食パン

断面がまるい

まるごといちごサンド

フルーツサンドの基本となるのは、いちごとクリームの組み合わせです。甘酸っぱいいちごは食パンとクリームとの相性がよく、いちごの"赤"が食パンとクリームの"白"に映えて"おいしそう"なビジュアルも演出できます。いちごを横に切ると、断面がまるくなり、コロコロとしたいちごのかわいらしさが引き立ちます。

断面がさんかく

まるごといちごサンド

食パンとクリームといちご。まったく同じ組み合わせ、同じ量でも、並べ方を変えるだけで完成形のビジュアルがガラッと変わります。シンプルな組み合わせだからこそ、いちごそのものの味わい、そして断面を意識して組み立てましょう。大きいいちごを縦に切ると、存在感が出ます。

いちご ✕ 食パン

断面がまるい 【まるごといちごサンドのはさみ方】

材料(1組分)

角食パン(8枚切り) …… 2枚
マスカルポーネ＆生クリーム(p.41参照)
…… 50g(25g+25g)
いちご(さがほのか／Lサイズ) …… 4個

食品用アルコールを噴霧したペーパータオルで表面の汚れをふき取る。

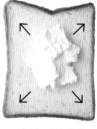

クリームを中央にのせ、四隅に向かって薄くなるように塗りのばす。

作り方

1. いちごはヘタを取る。1個は縦方向に4等分に切る。

2. 角食パンの片面にマスカルポーネ＆生クリーム25gを塗る。マスカルポーネ＆生クリームは中央にのせてから、四隅に向かって薄くのばす。さらにその隙間にも薄く広げる。

3. 写真を参考に2の中央の縦方向にいちご3個を横向きに並べる。いちごは先の尖った部分とヘタの向きが交互になるようにし、カット位置にいちごの大きな丸い部分がくるように置く。1で4等分に切ったいちごはその両側に2切れずつのせる。

4. もう1枚の角食パンにマスカルポーネ＆生クリーム25gを、2と同様に塗って3と合わせる。上から手のひらでふんわりと押さえて、クリームとフルーツをなじませる。

5. 耳を切り落とし、半分に切る。

組み立てのポイント

いちごとパンの隙間がクリームで埋まるように、手のひらで食パン全体をふんわりと押さえてから切りましょう。

いちごのまるい断面を出すには、いちごの並べ方が大切です。横から切ったときのバランスを意識して、同じサイズの断面が出る位置がカットできるように並べます。いちごは全て同じ方向に並べるのではなく、先とヘタ側が交互になるように置きましょう。

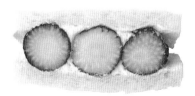

断面がさんかく 【まるごといちごサインドのはさみ方】

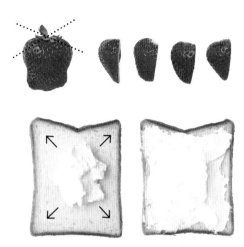

材料(1組分)

角食パン(8枚切り)…… 2枚
マスカルポーネ＆生クリーム(p.41参照)
…… 50g(25g＋25g)
いちご(あまおう／Lサイズ)…… 4個

作り方

1. いちごはヘタを取る。1個は縦方向に4等分に切る。

2. 角食パンの片面にマスカルポーネ＆生クリーム25gを塗る。マスカルポーネ＆生クリームは中央にのせてから、四隅に向かって薄くのばす。さらにその隙間にも薄く広げる。

3. 写真を参考に**2**の中央の縦方向にいちご3個を縦方向に並べる。カット位置にいちごの縦の中心線がくるように置く。**1**で4等分に切ったいちごはその両側に2切れずつのせる。

4. もう1枚の角食パンにマスカルポーネ＆生クリーム25gを、**2**と同様に塗って**3**と合わせる。上から手のひらでふんわりと押さえて、クリームとフルーツをなじませる。

5. 耳を切り落とし、半分に切る。

組み立てのポイント

いちごを縦方向に切るときは、とがった側がずれないようにしましょう。鋭角な三角形のいちごよりも、先のとがっていない台形のいちごのほうが、失敗が少なくおすすめです。

クリームを中央にのせ、四隅に向かって
薄くなるように塗りのばす。

いちご ✕ 食パン

断面が斜めライン

薄切りいちごサンド

いちごの量を控えめに、かつインパクトのある断面を出したいというときには、いちごをスライスするのも一案です。大きめのいちごであれば、いちご2個でも存在感を表現できます。バニラの香るカスタードと基本のクリームを組み合わせることで、上質なスイーツを思わせるバランスに仕上がります。

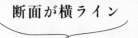

断面が横ライン

輪切りいちごサンド

薄い食パンに薄く輪切りにしたいちごをまっすぐにはさんだ、上品ない
ちごサンド。ボリュームがないので見た目のインパクトはないものの、
実は一番バランスのよい組み合わせです。パンとクリーム、いちごが三
位一体となり、味わいの調和が楽しめます。

いちご ✕ 食パン

断面が斜めライン【薄切りいちごサンドのはさみ方】

材料(1組分)
角食パン(10枚切り) …… 2枚
マスカルポーネ＆生クリーム(p.41参照) …… 20g
カスタードクリーム(p.42〜43参照) …… 20g
いちご(あまおう／Lサイズ) …… 2個

作り方
1. いちごはヘタを取り、縦方向に5等分にスライスする。

2. 角食パンの片面にカスタードクリームを塗り、写真を参考に1を並べる。

3. マスカルポーネ＆生クリームを塗ったもう1枚の角食パンではさむ。手のひらでふんわりと押さえて、クリームとフルーツをなじませる。

4. 耳を切り落とし、3等分に切る。

組み立てのポイント
いちごは縦方向にスライスしたものを、均一にずらしながら並べます。一番幅のある部分がカット位置にくるようにすると断面のボリュームが出ます。

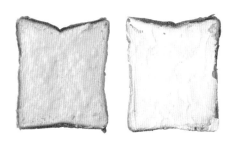

断面が横ライン【輪切りいちごサンドのはさみ方】

材料(1組分)

角食パン(8枚切り) …… 2枚
マスカルポーネ＆生クリーム(p.41参照)
…… 40g(20g＋20g)
いちご(とちおとめ／Mサイズ) …… 3個

作り方

1. いちごはヘタを取り、5mmの厚さに輪切り
にする。

2. 角食パンの片面にマスカルポーネ＆生ク
リームを20gずつ塗り、1を重ならないよう
に並べてはさむ。上から手のひらでふんわり
と押さえて、クリームとフルーツをなじませ
る。

3. 耳を切り落とし、3等分に切る。

組み立てのポイント

いちごは、カット位置に大きめの、サイズが
そろったものを並べると、断面がきれいです。

いちご ✕ 食パン

断面が半円

ハーフいちごサンド

いちごのジューシー感は楽しみたいけど、まるごとだと食べにくいというときは、半分に切ってはさむのもよいでしょう。半円状のいちごが連続して並ぶデザインが印象的。黄色のカスタードクリームと白い基本のクリームを組み合わせることで、色合いのコントラストも楽しめます。断面の楽しさと食べやすさを両立できるのが魅力です。

断面が立体的

ごろごろいちごサンド

とにかくいちごを主役にたっぷりとはさみたい、ビジュアル重視に仕上げたい、というときにはこちらです。大きないちごを6個、たっぷりとはさみました。いちごの置き場所を間違えなければ、切り方の失敗が少ないのもおすすめポイントです。仕上げのカットが苦手な方にこそ挑戦していただきたいサンドイッチです。

いちご ✕ 食パン

断面が半円【ハーフいちごサンドのはさみ方】

材料(1組分)
角食パン(10枚切り) …… 2枚
マスカルポーネ＆生クリーム(p.41参照) …… 20g
カスタードクリーム(p.42〜43参照) …… 20g
いちご(紅ほっぺ／Mサイズ) …… 3個

作り方
1. いちごはヘタを取り、縦方向に半分に切る。

2. 角食パンの片面にカスタードクリームを塗り、写真を参考に1を並べる。

3. マスカルポーネ＆生クリームを塗ったもう1枚の角食パンではさむ。手のひらでふんわりと押さえて、クリームとフルーツをなじませる。

4. 耳を切り落とし、3等分に切る。

組み立てのポイント
横から切ったときのバランスを意識して、同じサイズの断面が出る位置がカットできるように並べます。いちごは全て同じ方向に並べるのではなく、先とヘタ側が交互になるように置きましょう。

断面が立体的 【ごろごろいちごサンドのはさみ方】

材料(1組分)

角食パン(8枚切り) …… 2枚
マスカルポーネ＆生クリーム(p.41参照)
…… 40g(20g＋20g)
カスタードクリーム(p.42〜43参照) …… 20g
いちご(あまおう／Lサイズ) …… 6個

作り方

1. いちごはヘタを取る。1個は縦方向に4等分に切る。

2. 角食パンの片面にカスタードクリームを塗り、その上にマスカルポーネ＆生クリームを20gずつ塗る。マスカルポーネ＆生クリームは中央にのせ、四隅に向かって薄くなるように塗りのばす。写真を参考に1を並べる。

3. マスカルポーネ＆生クリームを塗ったもう1枚の角食パンではさみ、手のひらでふんわりと押さえて、クリームとフルーツをなじませる。

4. 耳を切り落とし、対角線上に4等分に切る。

組み立てのポイント

いちごは真ん中に一番大きなものを置き、角に向かって薄くなるようにとがったほうを外側に並べましょう。

ミックスフルーツ ✕ 食パン

大胆カット

ごろごろミックスフルーツサンド

いちごの赤、キウイの緑、黄桃の黄色、そしてバナナのクリーム色。
4色の彩りが印象的なミックスフルーツサンドは、カットして断面を見
せると歓声が上がります。大胆なフルーツ使いだからこその断面で、そ
れぞれのフルーツを一つずつじっくりと味わうことができます。

スマートミックスフルーツサンド

同じフルーツの組み合わせでも、切り方やはさみ方を変えると随分と印象
が変わります。フルーツをスライスしてからはさむと、食べやすく上品な
仕上がりになります。また、2段重ねにすることで複数のフルーツを同時
に味わえるので、ミックスフルーツサンドらしい味の広がりを感じること
ができます。

ミックスフルーツ ✕ 食パン

大胆カット 【ごろごろミックスフルーツサンドのはさみ方】

材料(1組分)

角食パン(8枚切り) …… 2枚
マスカルポーネ＆生クリーム(p.41参照)
…… 45g(20g＋25g)
カスタードクリーム(p.42〜43参照) …… 20g
いちご …… 2個
黄桃の缶詰(半割) …… 1切れ
キウイ(縦に4分割／p.25切り方6参照) …… 1/4個
バナナ……1/2本

作り方

1. フルーツを切る。いちごは1個を縦半分に切る。黄桃(缶詰)は半分に切り、一つはさらにその半分に切る。

2. 角食パンの片面にカスタードクリームを塗る。さらにマスカルポーネ＆生クリーム20gを塗り重ねる。

3. 写真を参考に、**2**にフルーツをのせる。

4. もう1枚の角食パンにマスカルポーネ＆生クリーム25gを塗り、**3**と合わせる。上から手のひらでふんわりと押さえて、クリームとフルーツをなじませる。

5. 耳を切り落とし、半分に切る。

組み立てのポイント

ミックスフルーツサンドの組み立ては、一つ一つのフルーツの色がはっきり出る並べ方、順番が大切です。ベストバランスを探しましょう。

上品スライス 【スマートミックスフルーツサンドのはさみ方】

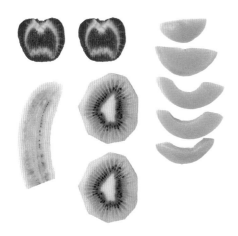

材料(1組分)
角食パン(10枚切り) …… 3枚
マスカルポーネ＆生クリーム(p.41参照)
…… 80g(20g×4)
いちご …… 1個
黄桃の缶詰(半割) …… 1切れ
キウイ(p.25切り方5参照) …… 8mmスライス2枚
バナナ …… 1/4本

作り方
1. フルーツを切る。いちごは縦半分に切る。
黄桃(缶詰)は8mmの厚さにスライスする。

2. 角食パンの片面にマスカルポーネ＆生ク
リーム20gを塗る。

3. 写真を参考に、いちごとバナナをのせ、
同じくマスカルポーネ＆生クリーム20gを塗
った角食パンではさむ。

4. 3の上にマスカルポーネ＆生クリーム20g
を塗り、黄桃(缶詰)とキウイをのせ、マスカ
ルポーネ＆生クリーム20gを塗った角食パン
ではさみ、上から手のひらでふんわりと押さ
えて、クリームとフルーツをなじませる。

5. 耳を切り落とし、3等分に切る。

組み立てのポイント
フルーツのスライスは、厚さをそろえること
で断面が整います。いちごとババナが大きす
ぎる場合は半切りではなく、キウイと黄桃と
同じ厚さにスライスしましょう。

ミックスフルーツ ✕ 食パン

断面が立体的なごろごろミックスフルーツサンド

対角線上に小さな三角形に切ったサンドイッチは、盛りつけた時に立体感が強調されます。中央に位置するものの主張が強いので、ミックスフルーツの中でもメインにしたいものをセレクトしましょう。迷ったときは、大きめのいちごを選んで。1粒だけでもインパクトがあります。

材料（1組分）

角食パン（8枚切り）…… 2枚
カスタードクリーム（p.42〜43参照）
…… 30g
マスカルポーネ＆生クリーム（p.41参照）
…… 30g（25g＋5g）
いちご …… 1個
黄桃の缶詰（半割）…… 1/2切れ
キウイ（縦に4分割）…… 1/4個
バナナ …… 1/3本

作り方

1. 角食パンの片面にカスタードクリームを塗り、フルーツをのせる。いちごを中央にのせてから、写真を参考に、半分に切った黄桃（缶詰）を対角線上にのせ、もう一方にはキウイとバナナをそれぞれのせる。
2. いちごとキウイ、いちごとバナナの間にマスカルポーネ＆生クリーム5gを絞る。
3. もう1枚の角食パンにマスカルポーネ＆生クリーム25gを塗って**2**と合わせる。上から手のひらでふんわりと押さえて、クリームとフルーツをなじませる。
4. 耳を切り落とし、対角線上に4等分に切る。

断面が斜めラインのミックスフルーツサンド

薄いパンに程よい量のフルーツの組み合わせは、サンドイッチとしてのバランスが秀逸です。きれいな断面のポイントは、スライスの厚さをそろえること。それぞれのフルーツの個性をストレートに味わうことができます。

材料(1組分)

角食パン(10枚切り) …… 4枚
マスカルポーネ＆生クリーム (p.41参照)
…… 80g(10g×8)
いちご …… 2粒
黄桃の缶詰(半割) …… 1/2切れ
キウイ(半月スライス／p.25切り方5参照)
…… 1/4個
モンキーバナナ …… 1本

作り方

1. フルーツは5mmの厚さにスライスする。
2. 角食パンはあらかじめ耳を切り落として半分に切る。片面にマスカルポーネ＆生クリームを10gずつ塗り、フルーツを1種類ずつはさむ。
3. 横長に半分に切る。

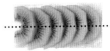

季節のフルーツに替えて ✕ 食パン

ベリーのミックスサンド

いちごをメインにして3種のベリーを組み合わせた、チャーミングなサンドイッチ。ほのかな酸味のあるライ麦パンと、甘酸っぱいベリーの組み合わせが新鮮。さわやかな味わいです。茶色いパンとの色合いのバランスも目を引きます。

材料（1組分）

ライ麦食パン（12枚切り）…… 3枚
マスカルポーネ＆生クリーム
（p.41参照）…… 80g（20g×4）
いちご …… 4個
ラズベリー …… 4粒
ブルーベリー …… 8粒

作り方

1. ライ麦食パンは片面にマスカルポーネ＆生クリーム20gを塗る。写真を参考に、縦半分に切ったいちごをのせる。カット位置を意識して並べる。同じく片面にマスカルポーネ＆生クリーム20gを塗ったライ麦食パンではさむ。上からふんわりと手で押さえて、クリームをなじませる。

2. 1の上にマスカルポーネ＆生クリーム20gを塗り、写真を参考に、ブルーベリーとラズベリーをのせる。片面にマスカルポーネ＆生クリーム20gを塗ったライ麦食パンではさむ。上からふんわりと手で押さえて、クリームとなじませる。

3. 耳を切り落とし、3等分に切る。

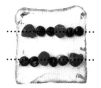

トロピカルミックスフルーツサンド

マンゴーとパイナップルとバナナは、カソナードとラム酒とミントでマ
リネすることでひと味違う大人味に。モヒートのような香りが新鮮です。
暑い季節によく冷やしていただきたい大人のフルーツサンドです。

材料（1組分）

角食パン（8枚切り）……2枚
マスカルポーネ＆生クリーム（p.41参照）
……40g（20g＋20g）
マンゴー（p.23切り方6参照）
……8mmスライス 3枚（60g）
パイナップル（p.25切り方6参照）
……いちょう切り4枚（40g）
バナナ……1/2本を縦8mmにスライスした
もの2枚（40g）
カソナード……小さじ2
ラム酒……小さじ2
ミント……適量

＊カソナードは、さとうきび100%のフラ
ンス産ブラウンシュガー。バニラのような
香りがあり、深みのある甘さが特徴的。な
ければきび砂糖で代用する。

作り方

1. フルーツはバットに入れ、カソナー
ドとラム酒をふりかける。ミントのせん
切りを加えて全体も混ぜ、15分ほどおく。
2. 角食パンは片面にマスカルポーネ＆
生クロームを20gずつ塗り、1をはさむ。
上から手のひらでふんわりと押さえて、
クリームとフルーツをなじませる。
3. 耳を切り落とし3等分に切る。仕上げ
にせん切りのミントをかける。

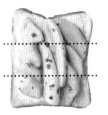

ナッツ＆フルーツミックス ✕ 食パン

栗とフルーツのミックスサンド

栗の渋皮煮とシャインマスカットと柿。秋の果実を贅沢に組み合わせた
ナッツ＆フルーツのミックスサンドは、ごま風味のマスカルポーネが効
いた和の味わい。ほうじ茶によく合います。

材料（1組分）

角食パン（8枚切り）…… 2枚
マスカルポーネごまクリーム（p.46参照）
…… 25g
マスカルポーネ＆生クリーム（p.41参照）
…… 25g
栗の渋皮煮 …… 1個
柿（p.24切り方4参照）
…… いちょう切り5枚（45g）
シャインマスカット …… 3粒
すりごま（白）…… 少々

作り方

1. 柿5枚のうちの1枚を4等分に切る。
シャインマスカット3粒のうちの1粒を
半分に切る。

2. 角食パン1枚の片面にマスカルポーネ
ごまクリームを塗り、中央に栗の渋皮煮
をのせる。写真を参考に、対角線の一線
には栗の渋皮煮の両側に柿を2枚ずつ、
もう一線にはシャインマスカットを1粒
半ずつのせる。1で4等分した柿は隙間
にのせる。

3. もう1枚の角食パンにマスカルポーネ
＆生クリームを塗り、**2**と合わせる。上
から手のひらでふんわりと押さえて、ク
リームとフルーツをなじませる。

4. 耳を切り落とし、対角線上に4等分に
切る。仕上げにすりごまをかける。

ナッツとドライフルーツのミックスサンド

キャラメリゼしたナッツをたっぷり加えたクリームチーズをメインに、
バターとあんずのジャムを合わせました。甘みと酸味のコントラスト
に、ナッツの食感やほろ苦さが合わさり、ちょっと大人の味わいです。
パンをトーストすることでナッツの香りが引き立ちます。

材料(1組分)

全粒粉食パン(8枚切り) …… 2枚
無塩バター …… 4g
あんずジャム(p.26〜27参照) …… 25g
キャラメルナッツクリームチーズ
(p.47参照) …… 85g

作り方

1. 全粒粉食パンは軽くトーストする。
2. 1の片面にキャラメルナッツクリーム
チーズを塗る。もう1枚の片面に無塩バ
ターを塗ってからあんずジャムを塗り重
ね、2枚のパンを合わせる。
3. 耳を切り落とし3等分に切る。

さくらんぼ ✕ 食パン

国産のさくらんぼは、上品な甘みと繊細な味わいが特徴です。カスタードクリームの量を少し多めにするのがポイントです。ふくよかな甘みがプラスされて、さくらんぼの風味を底上げしてくれます。さくらんぼらしい断面は、丁寧な配置が重要です。できるだけ大粒のものを選ぶとよいでしょう。

ごろごろさくらんぼ サンド

材料(1組分)

角食パン(8枚切り) …… 2枚
カスタードクリーム(p.42〜43参照) …… 30g
マスカルポーネ&生クリーム(p.41参照) …… 20g
さくらんぼ※ …… 11個
ピスタチオ(スーパーグリーン) …… 2g

※紅秀峰を使用。佐藤錦でもよい。

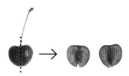

作り方

1. さくらんぼは種抜き器(p.53参照)を使って種を抜く。2個はさらに半分に切る。
2. 角食パンの片面にカスタードクリームを塗り、写真を参考に1を並べる。角食パンの対角線上に9個を並べ、半分に切ったものはその隙間に置く。
3. もう1枚の角食パンの片面にマスカルポーネ&生クリームを塗り、2と合わせる。
4. 耳を切り落とし、対角線上に4等分に切る。
5. 仕上げに粗く刻んだピスタチオをのせる。

さくらんぼは種を抜くと縦方向に穴が空くので、サンドイッチのカット方向と穴の向きが垂直になるように(カットした時に中央に種の穴が見えるように)のせる。

アメリカンチェリー ✕ 食パン

色も甘みも濃いアメリカンチェリーは、中まで真っ赤で断面のインパクト大。カスタードクリームはピスタチオペーストとキルシュ酒を合わせることで、アメリカンチェリーの濃厚な味に負けない大人っぽい味わいに。さくらんぼと食べ比べると、品種によって相性のよいクリームのバランスが変わることを実感できます。

ごろごろアメリカンチェリーサンド

材料(1組分)

角食パン(8枚切り) …… 2枚
ピスタチオ&カスタード※ …… 30g
マスカルポーネ&生クリーム(p.41参照)
…… 30g
アメリカンチェリー …… 11個
ピスタチオ(スーパーグリーン) …… 2g

※ピスタチオ&カスタード
(作りやすい分量)
カスタードクリーム(p.42～43参照)100g、
ピスタチオペースト(市販品)10g、キルシュ酒5gを混ぜ合わせる。

作り方

1. アメリカンチェリーは種抜き器(p.53参照)を使って種を抜く。2個はさらに半分に切る。

2. 角食パンの片面にピスタチオ&カスタードを塗り、写真を参考に1を並べる。角食パンの対角線上に9個を並べ、半分に切ったものはその隙間に置く。

3. もう1枚の角食パンの片面にマスカルポーネ&生クリームを塗り、2と合わせる。

4. 耳を切り落とし、対角線上に4等分に切る。

5. 仕上げに粗く刻んだピスタチオをのせる。

種を抜くには、種抜き器を使うか、ヘタを取ったくぼみに箸の頭部(太いほう)を当ててまっすぐに突き刺しても同様に種を取ることができる。

さくらんぼ ✕ パン・オ・レ

パンを替えて！

さくらんぼのミルクパンサンド

ミルクたっぷり、やさしい甘みのパン・オ・レとさくらんぼの繊細な香りがよく合います。クレーム・シャンティイとシンプルに合わせるのがポイントです。さくらんぼのやわらかく上品な味わいが引き立ちます。

材料（3個分）

パン・オ・レ（丸形）…… 3個（30g／個）
クレーム・シャンティイ（p.40参照）
…… 90g
さくらんぼ※ …… 6個
ピスタチオ（スーパーグリーン）…… 2g

※紅秀峰を使用。佐藤錦でもよい。

作り方

1. さくらんぼは種抜き器（p.53参照）を使って種を抜き、半分に切る。
2. ミルクパンは横から斜めに切り込みを入れる。
3. 丸い口金を付けた絞り袋にクレーム・シャンティイを入れ、2の中に絞ってから1をはさむ。手前に見えるように3個並べ、奥にもう1個を置く。
4. 仕上げに粗く刻んだピスタチオをのせる。

ミルクをたっぷり使った甘みのあるパン。小さな丸形で食べやすく、カットの手間がなく手軽に作れる。

アメリカンチェリーのブリオッシュサンド

卵とバターがたっぷりのブリオッシュは、コクのあるアメリカンチェリーのボリュームに負けません。少量でも存在感があり、マスカルポーネ入りの生クリームと合わせるだけで上質なスイーツの味わいです。

材料（3個分）

ブリオッシュ・ナンテール
（30mmスライス）…… 1枚
マスカルポーネ＆生クリーム（p.41参照）
…… 50g
アメリカンチェリー …… 3個
ピスタチオ（スーパーグリーン）…… 2g

作り方

1. アメリカンチェリーは種抜き器（p.53参照）を使って種を抜き、半分に切る。
2. ブリオッシュ・ナンテールは縦半分に切り、カット面を上にして切り落とさないように切り込みを入れる。
3. 丸い口金を付けた絞り袋にマスカルポーネ＆生クリームを入れ、2の切り込みに半量ずつ絞ってから1をのせる。
4. 仕上げに粗く刻んだピスタチオをのせる。

断面を出すのが難しい小さなフルーツは、カットしてからクリームの上にのせると失敗がない。

81

メロン ✕ 食パン

メロンそのものを味わいたいなら、たっぷりのメロンを主役にクリームでミルキーさを補う程度に。メロンの量を抑える場合は、カスタードクリームでコクを補うと、メロンショートケーキのような味わいになります。香り高くみずみずしいメロンの強い甘みをストレートに味わえる、贅沢なフルーツサンドです。

薄切りメロンサンド

材料(1組分)

角食パン(8枚切り) …… 2枚
マスカルポーネ&生クリーム(p.41参照)
…… 50g(25g+25g)
メロン(スライス／p.22切り方8参照)※
…… 160g

※ここではアールス系メロンを使用しているが、赤肉メロンでもよい。

作り方

1. 角食パンの片面にマスカルポーネ&生クリーム25gを塗る。
2. 写真を参考に1にメロンを並べる。
3. もう1枚の角食パンの片面にマスカルポーネ&生クリーム25gを塗り、2と合わせる。
4. 耳を切り落とし、3等分に切る。

スライスしたメロンは、カット位置を意識して、重ねてずらしながら2列に並べる。隙間にメロンの端の部分を置く。

くし形切りメロンサンド

材料(1組分)

角食パン(8枚切り) …… 2枚
カスタードクリーム(p.42〜43参照)
…… 25g
マスカルポーネ&生クリーム(p.41参照)
…… 40g(15g+25g)
メロン(くし形切りハーフ3枚※/
p.22切り方9参照) …… 120g

※ここではアールス系メロンを使用して
いるが、赤肉メロンでもよい。

作り方

1. 角食パンの片面にカスタードクリームを塗り、その上にマスカルポーネ&生クリーム15gを塗り重ねる。
2. 写真を参考に1にメロンを並べる。
3. もう1枚の角食パンの片面にマスカルポーネ&生クリーム25gを塗り、2と合わせる。
4. 耳を切り落とし、半分に切る。

くし形切りを半分に切ったメロンは、片側が薄く、反対側は厚みがある。同じ方向に並べるとメロンの量が偏るので、薄いほうと厚みがあるほうが交互になるように置く。

桃 ✕ 食パン

香り高くジューシーな桃は、上品な甘みとやわらかな食感でソフトな食パンによく合います。たっぷりのカスタードクリームを合わせることで、桃のやさしい味わいが一層引き立ちます。同じ量でもカット方法や並べ方で仕上がりの印象が変わります。作りたてをすぐに頬張りたい、とびきり贅沢なフルーツサンドです。

半月スライス桃サンド

材料(1組分)

角食パン(10枚切り) …… 2枚
カスタードクリーム(p.42〜43参照)
…… 25g
マスカルポーネ&生クリーム(p.41参照)
…… 30g
白桃(p.20切り方7参照) …… 1/4個(70g)

作り方

1. 角食パンの片面にカスタードクリームを塗る。
2. 白桃を4枚にスライスし、写真を参考に1に並べる。
3. もう1枚の角食パンの片面にマスカルポーネ&生クリームを塗り、2と合わせる。
4. 耳を切り落とし、3等分に切る。

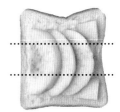

白桃の半月スライスをずらしながら並べると、端の上下に隙間ができる。ここに桃の両端の一番小さなスライスを置く。

いちょう切り桃サンド

材料(1組分)

角食パン(10枚切り) …… 2枚
カスタードクリーム(p.42〜43参照)
…… 25g
マスカルポーネ＆生クリーム(p.41参照)
…… 30g
白桃(いちょう切り／p.20切り方9参照)
…… 1/4個(70g)

作り方

1. 角食パンの片面にカスタードクリームを塗る。
2. 写真を参考に1に白桃を並べる。
3. もう1枚の角食パンの片面にマスカルポーネ＆生クリームを塗り、2と合わせる。
4. 耳を切り落とし、3等分に切る。

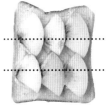

白桃は、種のある中央の赤い部分が断面に見えると色合いのコントラストが美しい。並べる際は、カット位置を意識して赤い部分を配置する。

桃 × 食パン

大きくカットしたフルーツをはさんだサンドイッチは、ビジュアルのインパクトが強く人気があります。ですが、食べたときのバランスで言えば、スライスしたもののほうが、サンドイッチとして味のまとまりがあります。ここでは同じ量の桃を、そのままはさんだものとカットしたもので比較してみました。全く同じ分量でも、実際に作り、食べてみることでしかわからない発見があります。

半割り桃サンド

材料(1組分)
角食パン(8枚切り) …… 2枚
カスタードクリーム(p.42〜43参照)
…… 25g
マスカルポーネ&生クリーム(p.41参照)
…… 40g
白桃(p.20切り方6参照) …… 1/2個(140g)

作り方
1. 角食パンの片面にカスタードクリームを塗る。
2. 1の中央に白桃をのせる。
3. もう1枚の角食パンの片面にマスカルポーネ&生クリームを塗り、2と合わせる。
4. 耳を切り落とし、半分に切る。

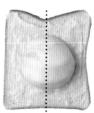

ハーフカットの桃は、種の部分にくぼみがある。カットしたときにここに隙間ができないように中央部のカスタードクリームは多めに塗っておくのがポイント。

くし形切り桃サンド

材料(1組分)
角食パン(8枚切り) …… 2枚
カスタードクリーム(p.42〜43参照) …… 25g
マスカルポーネ＆生クリーム(p.41参照)
…… 40g
白桃(くし形切り／p.20切り方8参照)
…… 1/2個(140g)

作り方
1. 白桃は1/2個をさらに4等分のくし形切りにする。
2. 角食パンの片面にカスタードクリームを塗る。
3. 写真を参考に2に1を並べる。
4. もう1枚の角食パンの片面にマスカルポーネ＆生クリームを塗り、2と合わせる。
5. 耳を切り落とし、半分に切る。

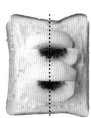

くし形切りの白桃は、中心部と外側が交互になるように中央に並べる。置いたときに桃の高さが出るが、交互に組むことで安定して切りやすい。

桃 ✕ 食パン + 食材アレンジ！

ピーチメルバ風サンドイッチ

「ピーチメルバ(Peach Melba)」は、桃のコンポートとバニラアイスクリームにラズベリーソースをかけたもので、フランスの偉大な料理人、オーギュスト・エスコフィエが考案したデザートメニューです。定番のデザートをサンドイッチとして再構築する考え方は、他にも応用できます。

材料(1組分)

角食パン(8枚切り) …… 2枚
カスタードクリーム(p.42～43参照)
…… 30g
マスカルポーネ&生クリーム(p.41参照)
…… 25g
白桃の缶詰(半割)※…… 1.5切れ
ラズベリージャム(p.31参照) …… 15g
アーモンドスライス(ロースト) …… 3g

※黄桃の缶詰や黄桃のコンポート(p.35参照)
に替えてもよい。

作り方

1. 白桃(缶詰)は、半割を4等分のくし形切りにする。
2. 角食パンの片面にカスタードクリームを塗る。
3. 写真を参考に2に1を並べ、白桃(缶詰)の隙間にラズベリージャムを入れる。粗く砕いたアーモンドスライスをのせる。
4. もう1枚の角食パンの片面にマスカルポーネ&生クリームを塗り、2と合わせる。
5. 耳を切り落とし、3等分に切る。

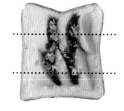

黄桃とパイナップルとさくらんぼのおやつコッペ

昭和レトロなコッペパンのフルーツサンド。赤いさくらんぼがキュート
です。あえて缶詰のフルーツばかりを組み合わせることで、懐かしいお
いしさに仕上がります。

材料(1組分)

コッペパン …… 1個(35g)
カスタードクリーム(p.42〜43参照)
…… 50g
マスカルポーネ＆生クリーム(p.41参照)
…… 40g
黄桃の缶詰(半割) …… 1/2切れ
パイナップルの缶詰(スライス) …… 1/3枚
さくらんぼの缶詰 …… 1個

作り方

1. 黄桃(缶詰)は半割のものを4等分のく
し形切りに、パイナップル(缶詰)は半分
に切る。

2. コッペパンは真上から切り込みを入
れる。

3. カスタードクリームとマスカルポー
ネ＆生クリームは、それぞれを丸い口金
を付けた絞り袋に入れ、**2**に絞る。

4. 写真を参考に、カスタードクリーム
とマスカルポーネ＆生クリームの間に黄
桃(缶詰)をはさみ、真ん中にパイナップ
ル(缶詰)とさくらんぼ(缶詰)をのせる。

マンゴー ✕ 食パン

マンゴーの濃厚な甘みと豊かな香りは、他のフルーツとは一線を画し、パンと合わせても強烈な存在感があります。その味わいもさることながら、鮮やかな黄金色が印象的で、白い食パンとの色合いのコントラストも楽しめます。

半割りマンゴーサンド

材料(1組分)

角食パン(8枚切り) …… 2枚
マスカルポーネ＆生クリーム(p.41参照)
…… 45g(20g＋25g)
マンゴー(p.23の切り方6参照) …… 85g

作り方

1. 角食パンの片面にマスカルポーネ＆生クリーム20gを塗る。
2. 写真を参考に1にマンゴーをのせる。隙間の部分に小さくカットしたマンゴーをのせる。
3. もう1枚の角食パンの片面にマスカルポーネ＆生クリーム25gを塗り、2と合わせる。
4. 耳を切り落とし、半分に切る。

大きなカットのマンゴーをはさむことで、ねっとりとした独特の食感とジューシー感を堪能できる。食べやすさよりもマンゴー感を重視したいときにおすすめ。

スライスマンゴーサンド

材料（1組分）

角食パン（8枚切り）……2枚
カスタードクリーム（p.42〜43参照）
……25g
マスカルポーネ＆生クリーム（p.41参照）
……25g
マンゴー（p.23の切り方6参照）……85g

作り方

1. 角食パンの片面にカスタードクリームを塗る。
2. 写真を参考に、カット位置を意識しながら1にマンゴーを並べる。
3. もう1枚の角食パンの片面にマスカルポーネ＆生クリームを塗り、2と合わせる。
4. 耳を切り落とし、3等分に切る。

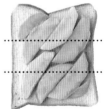

厚切りなので、マンゴーならではのジューシー感は十分味わえる上、全体を均一にはさむことで、どこを食べてもパンとマンゴーのバランスが同じなのも魅力。

キウイ ╳ 食パン

キウイの鮮やかなグリーンが白いパンとクリームに映え、単品で合わせて
もきれいに仕上がります。キウイの、かたすぎずやわらかすぎない食感は、
パンと合わせたときに食べやすく、通年で手に入りやすいのも魅力です。

ごろごろキウイサンド

材料(1組分)

角食パン(8枚切り) …… 2枚
マスカルポーネ＆生クリーム(p.41参照)
…… 50g(25g＋25g)
キウイ…… 1個

作り方

1. キウイは皮をむき、縦半分に切る。
片方はさらに半分に切る(p.25切り方6参
照)。
2. 角食パンの片面にマスカルポーネ＆
生クリーム25gを塗る。
3. 写真を参考に2に1をのせる。
4. もう1枚の角食パンの片面にマスカル
ポーネ＆生クリーム25gを塗り、3と合
わせる。
5. 耳を切り落とし、半分に切る。

キウイは中央にハーフカッ
トをのせ、その両横に1/4
カットをのせる。

スライスキウイサンド

材料(1組分)

角食パン(8枚切り) …… 2枚
マスカルポーネ＆生クリーム(p.41参照)
…… 50g(25g＋25g)
キウイ …… 1個

作り方

1. キウイは皮をむき、6枚にスライスする(p.25切り方5参照)。
2. 角食パンの片面にマスカルポーネ＆生クリーム25gを塗る。
3. 写真を参考に**2**に**1**を並べる。
4. もう1枚の角食パンの片面にマスカルポーネ＆生クリーム25gを塗り、**3**と合わせる。
5. 耳を切り落とし、対角線上に4等分に切る。

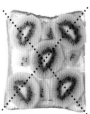

キウイのスライスは、一番大きな1枚を中央に、さらに4枚を角に向かってのせる。一番小さな1枚は4等分に切って隙間にのせ、全体にバランスよく配置する。

いちじく✕食パン

やわらかくジューシーないちじくは、パンと、たっぷりのクリームによく合い、とろけるような口溶けと繊細な味わいが印象的です。カスタードクリームを合わせると洋菓子風に、あんこやごまと合わせて和菓子風にまとめても。それぞれのおいしさが味わえます。

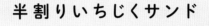

半割りいちじくサンド

材料（1組分）

角食パン（8枚切り）…… 2枚
マスカルポーネ＆生クリーム（p.41参照）
…… 25g
カスタードクリーム（p.42〜43参照）
…… 25g
いちじく …… 1個

作り方

1. いちじくは皮をむき、縦半分に切る。
2. 角食パンの片面にカスタードクリームを塗る。
3. 写真を参考に**2**に**1**をのせる。
4. もう1枚の角食パンの片面にマスカルポーネ＆生クリームを塗り、**3**と合わせる。
5. 耳を切り落とし、半分に切る。

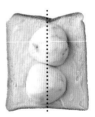

いちじくをのせるときは、上下を逆に組み合わせるとバランスが整う。ハーフカットの場合は、皮をむくとよい。大きなままでもとろりとソフトな食感が楽しめる。

スライスいちじくサンド

材料(1組分)

角食パン(10枚切り) …… 2枚
マスカルポーネ＆生クリーム(p.41参照)
…… 45g(20g＋25g)
カスタードクリーム(p.42〜43参照) …… 20g
いちじく …… 1個

作り方

1. いちじくは皮ごと5枚にスライスする。
2. 角食パンの片面にカスタードクリームを塗り、さらにマスカルポーネ＆生クリーム20gを塗り重ねる。
3. 写真を参考に2に1を並べる。
4. もう1枚の角食パンの片面にマスカルポーネ＆生クリーム25gを塗り、3と合わせる。
5. 耳を切り落とし、3等分に切る。

いちじくをスライスする場合は、皮付きのままで。カットするときにいちじくが崩れにくい。

いちじく ✕ 食パン + 食材アレンジ！

いちじくとマスカルポーネごまクリームの和風あんサンド

いちじくは和の素材との相性もよく、あんこやごまとの組み合わせはおすすめです。いちじくのあっさりした甘みをジャムで補い、粒あんとのバランスを高めます。とろりとしたいちじくとごまの香るマスカルポーネの組み合わせは、これだけでデザートになるおいしさです。

材料(1組分)

角食パン(8枚切り) …… 2枚
いちじく(皮をむく) …… 12mmスライス4枚
粒あん(市販品) …… 50g
マスカルポーネごまクリーム(p.46参照) …… 25g
いちじくジャム(p.30参照) …… 20g
白すりごま …… 少々

作り方

1. 角食パンの片面にマスカルポーネごまクリームを塗る。
2. 写真を参考に1にいちじくをのせ、いちじくの隙間を埋めるようにいちじくジャムを重ねる。
3. もう1枚の角食パンの片面に粒あんを塗り、3と合わせる。
4. 耳を切り落とし、3等分に切る。仕上げに白すりごまをかける。

いちじくとブリアサヴァランのブリオッシュサンド

いちじくはジャムにするとフレッシュとは違う、濃厚な味わいが引き出されます。チーズとの相性もよく、ブリアサヴァランとの組み合わせはこのままで上質なスイーツのよう。卵とバターたっぷりのリッチなブリオッシュに合わせると贅沢な味わいです。

材料（1組分）
ブリオッシュ・ア・テット…… 1個
いちじくジャム（p.30参照）…… 20g（15g＋5g）
ブリアサヴァラン（フレ）※…… 20g（15g＋5g）
無塩バター …… 5g
アーモンドスライス（ロースト）…… 2g

※フランスのフレッシュタイプのチーズ。さわやかな酸味となめらかな口当たりで、レアチーズケーキのような味わい。入手が難しければクリームチーズで代用できる。

作り方
1. ブリオッシュ・ア・テットは、上部の丸い部分と下部とを半分に切り分け、それぞれに斜めに切り込みを入れる。
2. 1の内側に無塩バターを塗り、スライスしたブリアサヴァランといちじくジャムをはさむ。下部には15gずつ、上部には5gずつ塗るのが目安。
3. 仕上げに粗く砕いたアーモンドスライスをのせる。

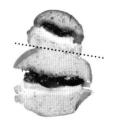

ぶどう ✕ 食パン

ぶどうは一口サイズで食べやすく、まるごとサンドイッチにすることができるのが魅力です。近年、皮ごと食べられる新品種が増えており、中でも「シャインマスカット」は大粒で甘みが強く人気です。香りを楽しむなら、シンプルにマスカルポーネ＆生クリームだけを合わせるのがよいでしょう。

まるごとシャインマスカットサンド

材料(1組分)
角食パン(8枚切り) …… 2枚
マスカルポーネ＆生クリーム(p.41参照)
…… 45g(20g＋25g)
シャインマスカット …… 8粒

作り方
1. 角食パンの片面にマスカルポーネ＆生クリーム20gを塗る。
2. 写真を参考に**1**にシャインマスカットをのせる。
3. もう1枚の角食パンの片面にマスカルポーネ＆生クリーム25gを塗り、**2**と合わせる。
4. 耳を切り落とし、3等分に切る。

シャインマスカットは、横方向に切ると丸い断面が出る。枝付き側を上下交互に並べると安定する。

半月シャインマスカットサンド

材料(1組分)

角食パン(10枚切り) …… 2枚
マスカルポーネ＆生クリーム(p.41参照)
…… 45g(20g＋25g)
シャインマスカット …… 4粒

作り方

1. シャインマスカットは縦半分に切る。
2. 角食パンの片面にマスカルポーネ＆
生クリーム20gを塗る。
3. 写真を参考に**2**に**1**をのせる。
4. もう1枚の角食パンの片面にマスカル
ポーネ＆生クリーム25gを塗り、**3**と合
わせる。
5. 耳を切り落とし、3等分に切る。

食パンにフルーツを並べる際
は、縦横の長さとフルーツの
サイズのバランスを見て方向
を決める。この食パンは縦に
長く、横では収まらないため、
縦方向に並べている。

ぶどう ✕ 食パン

ナガノパープルとシャインマスカットのサンドイッチ

黒系のナガノパープルと、緑系のシャインマスカットの2種類を組み合わせた、ぶどう好きのためのサンドイッチです。黒と緑のぶどうが交互に顔を見せ、断面の彩りも楽しめます。マスカルポーネ＆生クリームにカスタードクリームを合わせることで、よりスイーツらしい味わいになります。

材料（1組分）

角食パン（10枚切り）…… 2枚
カスタードクリーム（p.42～43参照）
…… 30g
マスカルポーネ＆生クリーム（p.41参照）
…… 30g
ナガノパープル※ …… 6粒
シャインマスカット …… 4粒

※巨峰やピオーネなど大粒の黒系ぶどうに
替えてもよい。

作り方

1. ナガノパープルは1粒を縦4等分に切る。
2. 角食パンの片面にカスタードクリームを塗る。
3. 写真を参考に**2**にナガノパープルとシャインマスカットを並べる。
4. もう1枚の角食パンの片面にマスカルポーネ＆生クリームを塗り、**3**と合わせる。
5. 耳を切り落とし、対角線上に4等分に切る。

ライ麦パンのレーズンバターサンド

レーズンにはフレッシュなぶどうとは違うドライならではの魅力があります。レーズンたっぷりのレーズンバターをはさんだシンプルなサンドイッチは、風味豊かなライ麦食パンをトーストして合わせるのがポイント。大人っぽい味わいで、コーヒーや洋酒にもよく合います。

材料（1組分）
ライ麦食パン（12枚切り）…… 2枚
ホワイトチョコ風味の
レーズンバター（p.47参照）…… 80g

作り方
1. ライ麦食パンを軽くトーストする。
2. 1にホワイトチョコ風味のレーズンバターを塗り、もう1枚のライ麦食パンと合わせる。
3. 耳を切り落とし、4等分に切る。

＊ホワイトチョコ風味のレーズンバターは常温に戻して塗り、はさんだものをラップで包み冷蔵庫で冷やし固めるときれいにカットできる。しっかり密封すれば、冷凍保存もOK。

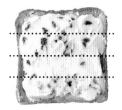

柑橘 ✕ 食パン

みかん、オレンジ、レモンなど、柑橘の個性を生かした組み合わせは、
スイーツサンドだけでなく食事系にも幅広く展開できます。フレッシュ
なもの、缶詰、ジャム、またはピールまで。加工方法によって、さまざ
まな味わいが楽しめます。

みかんサンド

材料(1組分)

角食パン(8枚切り) …… 2枚
マスカルポーネ＆生クリーム(p.41参照)
…… 40g(20g＋20g)
みかん …… 1.5個

作り方

1. みかんは皮をむき、半分に割ったものを3つ使う。1つは房ごとに分ける。
2. 角食パンにマスカルポーネ＆生クリーム20gを塗る。
3. 写真を参考に2に1をのせる。
4. もう1枚の角食パンの片面にマスカルポーネ＆生クリーム20gを塗り、3と合わせる。
5. 耳を切り落とし、半分に切る。

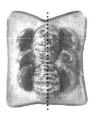

甘くジューシーなみかんを
大胆にはさむ。半割りのみ
かんの扇状の断面が新鮮。

甘夏サンド

材料(1組分)
角食パン(8枚切り) …… 2枚
クリームチーズ …… 35g
オレンジマーマレード …… 25g
甘夏の缶詰 …… 6房(75g)
ピスタチオ(スーパーグリーン) …… 2g

作り方
1. クリームチーズとオレンジマーマレードを軽く混ぜ合わせる。
2. 角食パンの片面に1の半量を塗る。
3. 写真を参考に2に水気を切った甘夏(缶詰)を並べる。
4. もう1枚の角食パンの片面に1の半量を塗り、3と合わせる。
5. 耳を切り落とし、3等分に切り、仕上げに粗く刻んだピスタチオをかける。

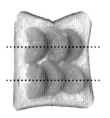

大人っぽい味が新鮮な甘夏の缶詰とマーマレード入りのクリームチーズとの組み合わせは想像以上のおいしさで、紅茶との相性は◎。

柑橘 ✕ 食パン + 食材アレンジ！

パンを替えて！

オレンジとサーモンのライ麦パンサンド

ライ麦パンにクリームチーズとスモークサーモンは、これだけでおいしい定番の組み合わせです。さらにオレンジを加えて、ジューシー感とさわやかな香りをプラス。ワンランク上の味わいに仕上がります。

材料（1組分）

ライ麦食パン（12枚切り）…… 3枚
クリームチーズ …… 30g
オレンジマーマレード …… 20g
無塩バター …… 15g（5g×3）
オレンジ（皮をむく）…… 6房（60g）
スモークサーモン …… 40g
レッドオークレタス（グリーンリーフ、
サニーレタスでも可）…… 6g
マヨネーズ …… 3g
オレンジの皮（すりおろす）…… 少々

作り方

1. オレンジは皮をむき、房ごと果肉を切り出す（p.21切り方7参照）。
2. クリームチーズとオレンジマーマレードを軽く混ぜ合わせる。
3. 角食パンの片面に**2**を塗る。
4. 写真を参考に**3**に**1**をのせる。
5. ライ麦食パンの片面に無塩バター5gを塗り、**4**と合わせる。
6. **5**の上面に無塩バター5gを塗り、スモークサーモンをのせる。その上にマヨネーズ3gを線がけし、レッドオークレタスをのせる。
7. もう1枚のライ麦食パンの片面に無塩バター5gを塗り、**6**と合わせる。
8. 耳を切り落とし、3等分に切り、仕上げにすりおろしたオレンジの皮をかける。

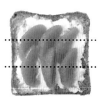

ハムとミモレットとレモンカードのサンドイッチ

ハムとチーズのシンプルな組み合わせにレモンカードをプラス。はっきりとした酸味とコクがパンとハムの味わいを底上げし、定番サンドがおしゃれな味わいに変身します。

材料(1組分)

パン・ド・カンパーニュ
(12mmスライス) …… 2枚(56g)
無塩バター …… 4g
ルッコラ …… 6g
ももハム …… 25g
マヨネーズ …… 5g(3g+2g)
ミモレット …… 10g
レモンカード(p.44〜45参照) …… 25g

作り方

1. パン・ド・カンパーニュは1枚の片面に無塩バターを塗り、ルッコラをのせる。この上にマヨネーズ3gを線がけし、ももハムをのせる。

2. 1の上にマヨネーズ2gを線がけし、薄くスライスしたミモレットをのせる。

3. もう1枚のパン・ド・カンパーニュの片面にレモンカードを塗り、2と合わせる。

バナナ✕食パン

ねっとりと濃厚な甘みのあるバナナは、パンにはさんでもしっかりと存在感があります。基本のクリームと合わせたスイーツ系だけでなく、ベーコンや青カビチーズとの組み合わせも新鮮です。

バナナ＆チョコサンド

材料(1組分)

角食パン(8枚切り) …… 2枚
キャラメルナッツショコラペースト(p.49参照)
…… 30g
マスカルポーネ＆生クリーム(p. 41参照)
…… 30g
バナナ(半分に切る) …… 1.5本

作り方

1. 角食パンの片面にキャラメルナッツショコラペーストを塗り、写真を参考にバナナをのせる。
2. もう1枚の角食パンにマスカルポーネ＆生クリームを塗り、1と合わせる。
3. 耳を切り落とし、半分に切る。

バナナは端が交互に外側になるように置くと、分量のバランスが整う。キャラメルナッツショコラペーストは、好みでカスタードクリームに替えても。

ナッツバター ✕ 全粒粉食パン

アメリカの子どものお弁当といえばこちら。PB&J(Peanut Butter and Jelly sandwich)と略され、家庭で多く作られている一般的なサンドイッチです。ピーナッツバターは、食感のアクセントになる粒入りタイプがおすすめです。

ピーナッツバターといちごジャムのサンドイッチ

材料(1組分)
全粒粉食パン(8枚切り) …… 2枚
ピーナッツバター(市販品/粒入り)
…… 40g
いちごジャム (p.30参照) …… 40g

作り方
1. 全粒粉食パンの片面にピーナッツバターを塗る。
2. もう1枚の全粒粉食パンの片面にいちごジャムを塗って1と合わせる。
3. 4つに切り分ける。

PB&JのJはジェリー(Jelly)のこと。果汁で作る固形分のないジャムで、アメリカではいちごジャムの他、グレープジェリーがよく使われる。

バナナ + ナッツバター ✕ 全粒粉食パン + **食材アレンジ！**

アーモンドバターとバナナといちじくジャムのサンドイッチ

ピーナッツバターをアーモンドバターに、いちごジャムをいちじくジャムに替えたPB&Jのアレンジに、バナナを合わせました。厚切りのバナナのねっとりとした食感と甘みが印象的で、食べ応えがあります。

材料(1組分)

全粒粉食パン(8枚切り)
…… 2枚
アーモンドバター(p.49参照) …… 35g
バナナ …… 10mmスライス6枚
いちじくジャム(p.30参照) …… 50g

作り方

1. 全粒粉食パンの片面にアーモンドバターを塗り、写真を参考にバナナを並べる。
2. もう1枚の全粒粉食パンの片面にいちじくジャムを塗って1と合わせる。
3. 耳を切り落とし、3等分に切る。

バナナとピーナッツバターとベーコンのホットサンド

ベーコンとバナナとピーナッツバターはアメリカでは定番の組み合わせ。エルヴィス・プレスリーが好んだとされ、「エルヴィス・サンドイッチ」と呼ばれています。PB&Jの要素もプラスして、ジャムの酸味や甘みをアクセントにするのもおすすめです。

材料（1組分）

全粒粉食パン（8枚切り）…… 2枚
ピーナッツバター（市販品／粒入り）
…… 30g
プルーンジャム（p.28参照）…… 25g
ベーコン …… 3枚
バナナ …… 10mmスライス9枚

作り方

1. ベーコンは半分に切り、フライパンで両面を焼く。

2. 全粒粉食パンの片面にプルーンジャムを塗り、**1**をのせ、写真を参考にバナナを並べる。

3. もう1枚の全粒粉食パンの片面にピーナッツバターを塗り、**2**と合わせる。

4. 余熱したパニーニグリラーでプレスして、焼き色がつくまで焼き、半分に切る。

りんご ✕ 全粒粉食パン

りんごは甘みと酸味のバランスがよく、フレッシュでも加工してもそれぞれに特徴的なおいしさがあります。スイーツ系はもちろんのこと、ハムやチーズと合わせてもバランスがよく、サンドイッチにおすすめのフルーツです。まずは生食で、シャキッとした食感をシンプルに味わってみましょう。

薄切りりんご&キャラメルナッツチーズサンド

材料(1組分)
全粒粉食パン(8枚切り) …… 2枚
キャラメルナッツクリームチーズ(p.47参照)
…… 50g
カスタードクリーム(p.42〜43参照)
…… 25g
りんご※
…… 3mmの半月スライス6枚(約75g)

※ここではジョナゴールドを使用。酸味と甘みのバランスがよくおすすめ。

作り方
1. 全粒粉食パンは軽く焼き色がつく程度にトーストする。
2. 全粒粉食パンの片面にカスタードクリームを塗り、写真を参考にりんごをのせる。
3. もう1枚の全粒粉食パンの片面にキャラメルナッツクリームチーズを塗り、**2**と合わせる。
4. 耳を切り落とし3等分に切る。

半月スライスにすると形がそろうので断面がきれいに仕上がる。皮付きのまま使うことで、一目でりんごとわかるのも魅力。

洋梨 ╳ 食パン

香り高い洋梨は、熟すと甘みが増し濃厚でとろけるような食感が楽しめます。サンドイッチにするなら、薄切りよりも大きめのカットのほうが、洋梨らしい味わいが堪能できます。フレッシュでも加工しても、それぞれのおいしさがあります。

ラ・フランスのサンドイッチ

材料(1組分)

角食パン(10枚切り) …… 2枚
カスタードクリーム(p.42～43参照)
…… 30g
マスカルポーネ＆生クリーム(p.41参照)
…… 30g
ラ・フランス
…… 8等分のくし形切り3切れ(約65g)

作り方

1. 角食パンは片面にカスタードクリームを塗り、写真を参考にラ・フランスをのせる。
2. もう1枚の角食パンにマスカルポーネ＆生クリームを塗り、1と合わせる。
3. 耳を切り落とし、3等分に切る。

洋梨は芯がかたいので、芯抜き器(p.52参照)があると便利。熟した洋梨はやわらかいのでやさしく扱う。

洋梨は上下を交互に配置するとバランスが整う。

りんご ✕ レーズンブレッド + **食材アレンジ！**　　　　　　　パンを替えて！

スライス焼きりんごのレーズンブレッドサンド

スライス焼きりんごは、スライスしたりんごにバターをのせて軽く焼く
だけ。使うりんごは、紅玉かジョナゴールドがよいでしょう。酸味と甘
みのバランスがよく、皮の色もきれいに出ます。シンプルな組み合わせ
だからこそ、アーモンドやレーズンがアクセントになります。

材料（1組分）

レーズンブレッド（12mmスライス）
…… 30g×2枚
アーモンドバター（p.49参照）…… 25g
スライス焼きりんご※…… 63g
無塩バター …… 4g
はちみつ …… 5g

※りんご1/2個は皮付きのまま半月状に
スライス（p.24切り方6参照）し、バット
に並べる。無塩バター15gを10mm角に切
ってりんごの上にのせ、余熱したオーブ
ントースターで約3分焼く。

作り方

1. レーズンブレッドの片面にアーモン
ドバターを塗り、写真を参考に焼きりん
ごを並べ、はちみつをかける。
2. もう1枚のレーズンブレッドの片面に
無塩バターを塗って1と合わせる。
3. 3等分に切る。

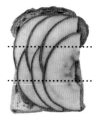

洋梨と生ハムのバゲットサンド

洋梨は生ハムやブルーチーズにもよく合います。缶詰の洋梨なら、季節
を問わず気軽に使えて便利。ブルーチーズをアクセントに、いちじくの
ジャムでコクを補うと、シンプルな生ハムサンドがワインに合うグルメ
サンドに変身します。

材料(1組分)

プチバゲット※ …… 1本(50g)
無塩バター …… 16g
洋梨の缶詰(半割) …… 1切れ
生ハム(プロシュート) …… スライス1枚
ルッコラ …… 4g
いちじくジャム(p.30参照) …… 15g
ブルーチーズ※※ …… 10g

※ここでは小ぶりなフランスパンを使用。フィ
セルでもよい。

※※ここではブルードーベルニュを使用。ゴ
ルゴンゾーラ、フルムダンベールなど、マイ
ルドなタイプのブルーチーズが向く。

作り方

1. プチバゲットは横から切り込みを入
れ、内側に無塩バターを塗る。
2. 1にルッコラ、生ハム、4等分にスラ
イスした洋梨を順にはさむ。
3. 仕上げにいちじくジャムと小さく切
ったブルーチーズをはさむ。

栗 ✕ 食パン

パンに合うナッツの中で、季節感が最も感じられるのは栗ではないでしょうか。そのままでは食べられず、加工に手間がかかりますが、そのおいしさは格別です。栗の渋皮煮から手作りして試していただきたい特別なサンドイッチです。

ごろごろ栗サンド

材料(1組分)

角食パン(8枚切り) …… 2枚
マロンクリーム(市販品) …… 20g
マスカルポーネ＆生クリーム(p.41参照)
…… 50g(25g＋25g)
栗の渋皮煮(p.38〜39参照) …… 5個

作り方

1. 角食パンは片面にマロンクームを塗り、マスカルポーネ＆生クリーム25gを塗り重ねる。
2. 写真を参考に1に栗の渋皮煮をのせる。
3. もう1枚の片面に角食パンにマスカルポーネ＆生クリーム25gを塗り、2と合わせる。
4. 耳を切り落とし、対角線上に4等分に切る。

栗の渋皮煮の魅力を最大限生かすため、栗の断面が映える配置で切り分ける。栗のサイズがふぞろいな場合は、一番大きな栗を中央に置く。

ナッツ ✕ 食パン

ローストしたナッツとパンのシンプルな組み合わせには、華やかさはありませんが、ふくよかな香りと深い味わいが堪能できます。キャラメリゼしたクリームチーズを合わせたり、はちみつ漬けにしたものを使うと、魅力的なサンドイッチに仕上がります。

ザクザクナッツサンド

材料(1組分)

角食パン(8枚切り) …… 2枚
キャラメルナッツクリームチーズ(p.47参照)
…… 85g
カスタードクリーム(p.42〜43参照) …… 30g

作り方

1. 角食パンは1枚の片面にキャラメルナッツクリームチーズを塗る。
2. もう1枚の角食パンの片面にカスタードクリームを塗って1と合わせる。
3. 耳を切り落とし、3等分に切る。

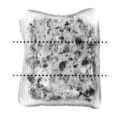

カスタードクリームをショコラペースト(p.48参照)に替えても美味。その場合、パンは全粒粉食パンにするとバランスがよい。

栗 ✕ 食パン + **食材アレンジ！**

マロンパイ風サンドイッチ

栗の渋皮煮を贅沢に使いマロンパイをイメージした、ケーキのようなサンドイッチ。砕いたパイ菓子のザクザクとした食感が新鮮です。マロンクリームとカスタードクリームのダブル使いでリッチな味わいに仕立てます。

材料（1組分）
角食パン（10枚切り）…… 2枚
カスタードクリーム（p.42〜43参照）
…… 15g
栗の渋皮煮（p.38〜39参照）…… 2個（60g）
マロンクリーム（市販品）…… 30g
パルミエ（パイ菓子・市販品）…… 8g

作り方
1. 角食パンの片面にカスタードクリームを塗り、粗く刻んだ栗の渋皮煮と粗く砕いたパルミエをのせる。
2. もう1枚の角食パンにマロンクリームを塗り、1と合わせる。
3. 耳を切り落とし、3等分に切る。

はちみつナッツとクリームチーズのベーグルサンド

ナッツのはちみつ漬けがメインのベーグルサンドは、たっぷりのクリームチーズと無塩バターのダブル使いがポイントです。黒こしょうのアクセントで、大人味に仕上げます。

材料（1組分）

ベーグル（プレーン）…… 1個（100g）
クリームチーズ …… 50g
ナッツのはちみつ漬け(p.19参照)
…… 80g
無塩バター …… 10g
黒こしょう …… 適量

作り方

1. クリームチーズに粗く挽いた黒こしょうを加えて混ぜ合わせる。
2. ベーグルは横から半分に切る。
3. 2の下側に1を塗り、ナッツのはちみつ漬けをのせる。
4. 2の上側に無塩バターを塗り、3と合わせる。仕上げに粗く挽いた黒こしょうをかける。

アボカド ✕ 食パン

女性に人気のアボカドサンドは、グリーンのグラデーションを生かした
断面が印象的。アボカドのおいしさを引き出すには、レモンもしくはラ
イム、塩、こしょうでしっかりと下味をつけるのがポイントです。

スライスアボカドサンド

材料(1組分)

角食パン(12枚切り) …… 2枚
無塩バター …… 5g
レモンカード(p.44〜45参照) ……15g
アボカド……1/2個(60g)
レモン果汁 …… 少々
塩 …… 少々
白こしょう …… 少々

作り方

1. アボカドは横方向に薄くスライス
(p.23の切り方6参照)する。バットにのせ、
塩、白こしょう、レモン果汁をかけ、下
味をつける。
2. 角食パンの片面に無塩バターを塗り、
写真を参考に1の半量ずつをずらすよう
に上下に並べる。
3. もう1枚の角食パンにレモンカードを
塗り、2と合わせる。
4. 耳を切り落とし、3等分に切る。

アボカドは、塩、白こしょう
でしっかりと味を補うことで
おいしさが引き立つ。しっか
りとした酸味とコクのバラン
スがよいレモンカードとの組
み合わせが新鮮。

ワカモレとクリームチーズのサンドイッチ

アボカドで作るワカモレ(guacamole)はメキシコ料理の代表的なサルサ
の一つです。しっかりつぶしてペースト状にしても美味ですが、サンド
イッチにするときは粗く刻んで食感を残すのがおすすめです。クリーム
チーズとのバランスもよく、断面がきれいに仕上がります。

材料(1組分)

全粒粉食パン(10枚切り) …… 2枚
クリームチーズ …… 25g
ワカモレ※ …… 90g
無塩バター …… 5g

※ワカモレ(作りやすい量)
アボカド1個(135g)は種を取り、皮をむい
て粗く刻む。ライム果汁20gをかけ、紫玉
ねぎ(みじん切り)25g、トマト(粗みじん
切り)40g、パクチー(みじん切り)3gを合
わせ、塩、白こしょうで味をととのえる。

作り方

1. 全粒粉食パンは片面にクリーム
チーズを塗り、ワカモレをのせる。
2. もう1枚の全粒粉食パンの片面に
無塩バターを塗り、1と合わせる。
3. 耳を切り落とし、3等分に切る。

アボカド ✕ ライ麦食パン + 食材アレンジ！

パンを替えて！

アボカドとサーモンのライ麦サンド

アボカドと魚介類は相性のよい組み合わせ。アボカドは、レモンやハーブで酸味や香りをしっかりと補うことでライ麦食パンとのバランスもよくなります。白ワインやフルーティーなビールと合わせたい、大人のサンドイッチです。

材料（1組分）

ライ麦食パン（12枚切り） …… 2枚
わさびクリームチーズ※ …… 20g
アボカド …… 1/2個（60g）
スモークサーモン …… 30g
無塩バター …… 9g（3g×3）
ディル …… 少々
レモンの皮（すりおろし） …… 少々
レモン果汁 …… 適量
塩 …… 少々
白こしょう …… 少々

※クリームチーズ：ワサビ＝10：1の割合で合わせる。

作り方

1. アボカドは縦方向に薄くスライス（p.23の切り方6参照）する。バットにのせ、塩、白こしょう、レモン果汁をかけ、下味をつける。
2. ライ麦食パンの片面にわさびクリームチーズを塗り、写真を参考に**1**をのせる。
3. ライ麦食パンの片面に無塩バター3gを塗り、**2**と合わせる。
4. **3**の上に無塩バター3gを塗り、スモークサーモンをのせ、ディルの葉とレモンの皮をのせる。
5. もう1枚のライ麦食パンの片面に無塩バター3gを塗り、**4**と合わせる。
6. 耳を切り落とし、3等分に切る。

アボカドディップとえびのクロワッサンサンド

バターたっぷりのクロワッサンとアボカドは好相性。さらにえびも合わせることで、リッチな味わいに仕上がりました。ライムの皮がさわやかな香りを添えた、バランスのよい組み合わせです。

材料（1組分）

クロワッサン …… 1個（40g）
無塩バター …… 5g
マヨネーズ …… 2g
ワカモレ（p.119参照）…… 25g
クリームチーズ …… 25g
レッドオークレタス
（グリーンリーフ、サニーレタスでも可）
…… 10g
むきえび（ゆでる）…… 20g
ライムの皮（すりおろし）…… 少々

作り方

1. ワカモレとクリームチーズを混ぜ合わせる。
2. クロワッサンは横から切り込みを入れ、内側に無塩バターを塗る。
3. 1にレッドオークレタスをはさみ、その上に1をのせ、マヨネーズを線がけし、むきえびをのせる。
4. 仕上げにライムの皮をかける。

121

ベリー ✕ 食パン

フレッシュでもジャムにしてもパンとの相性がよいベリー類ですが、粒のサイズが小さいので、断面を出したい場合は丁寧な組み立てが必要です。フレッシュなものだけでなく、ジャムを組み合わせると、素材感を一層引き出すことができます。

ごろごろブルーベリーサンド

材料（1組分）
角食パン（10枚切り）…… 2枚
ブルーベリー＆クリームチーズ（p.33参照）
…… 80g（40g＋40g）
ブルーベリー …… 22粒

作り方
1. 角食パンの片面にブルーベリー＆クリームチーズ40gを塗る。
2. 1の上に写真を参考にブルーベリーを並べる。
3. もう1枚の角食パンにブルーベリー＆クリームチーズ40gを塗り、2と合わせる。
4. 耳を切り落とし、3等分に切る。

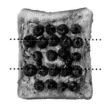

カット位置にブルーベリーを5粒ずつ並べ、さらにその間と両端に4粒ずつ並べる。カット位置のブルーベリーはできるだけ大粒のものを選ぶと断面がきれいに出る。

ラズベリーチーズケーキサンド

ラズベリーと一緒にはさんだのは、なんとチーズケーキ！ 甘酸っぱい
ラズベリーのおいしさが存分に楽しめる、遊び心ある組み合わせです。
チーズケーキをガトーショコラに替えたり、砕いたクッキーを合わせた
アレンジもなかなかです。

材料(1組分)

角食パン(10枚切り) …… 2枚
ラズベリージャム(p.31参照) …… 20g
ベイクドチーズケーキ
(市販品／10mmの厚さにスライスする)
…… 40g
マスカルポーネ&生クリーム(p.41参照)
……40g(15g＋25g)
ラズベリー …… 9粒

作り方

1. 角食パンの片面にラズベリージャム
を塗る。
2. 1の上にベイクドチーズケーキをのせ
る。さらに絞り袋に入れたマスカルポー
ネ&生クリーム15gを絞る。
3. 2の上に写真を参考にラズベリーを並
べる。カット位置のラズベリー8粒は大
粒のものを選び、中央の穴の方向と垂直
にカットできるように置く。残った1粒
は3つに割き、2列の間に並べる。
4. もう1枚の角食パンにマスカルポーネ
&生クリーム25gを塗り、3と合わせる。
5. 耳を切り落とし、3等分に切る。

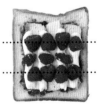

ベリー ✕ ベーグル

ブルーベリーとクリームチーズのベーグルサンド

ベーグルとブルーベリーとクリームチーズは、間違いのない組み合わせです。もっちりとしたベーグルと濃厚なクリームチーズの中で、フレッシュなブルーベリーがプチッとはじけるのが楽しい、おすすめの組み合わせです。

材料(1組分)

ベーグル(プレーン)※ ……1個(100g)
ブルーベリー＆クリームチーズ(p.33参照)
…… 80g(40g＋40g)
ブルーベリー …… 20粒

※ドライブルーベリー入りのベーグルに替えて、さらに味わいをプラスしてもよい。

作り方

1. ベーグルは横から半分に切る。

2. 1のカット面にブルーベリー＆クリームチーズを40gずつ塗る。

3. 2の下側にブルーベリーをのせ、上側を合わせてから半分に切る。

バゲットショコラフランボワーズ

バゲットに板チョコをはさんだサンドイッチは、フランスの子どもの定
番のおやつです。バターを塗って、さらにラズベリージャムを合わせる
と、大人のスイーツに変身します。ミルクチョコレートならマイルドに、
ビターチョコレートなら大人味に仕上がります。

材料(1組分)

バゲット …… 1/3本(80g)
無塩バター …… 8g
板状チョコレート …… 40g
ラズベリージャム(p.31参照) …… 25g
ピスタチオ(スーパーグリーン)……2g

作り方

1. バゲットは横から切り込みを入
れ、内側に無塩バターを塗る。
2. バゲットにはさみやすいサイズ
に割った板状チョコレートをはさ
み、その上にラズベリージャムをの
せる。
3. 仕上げに粗く刻んだピスタチオ
をのせる。

＊バゲットにフランボワーズショコ
ラペースト(p.49参照)をはさむだけ
でもよい。

和風の組み合わせ　いちご ✕ 食パン + 和の食材

いちご大福風おやつサンド

定番のいちごサンドを和風にアレンジ。もっちりしたぎゅうひの食感が
楽しい、バランスのよい組み合わせで、コーヒーにもお茶にもよく合い
ます。少量のいちごでも満足度が高く、幅広い年代に好まれるおいしさ
です。いちご以外のフルーツでアレンジしてもよいでしょう。

材料(1組分)

角食パン(10枚切り) …… 2枚
粒あん …… 40g
ぎゅうひシート(業務用冷凍品)※
…… 1/3枚(10g)
マスカルポーネ＆生クリーム(p.41参照)
…… 40g(15g＋25g)
いちご …… 3個

※市販のしゃぶしゃぶ用薄切り餅で代用
可能。600Wの電子レンジで30秒程度加
熱しやわらかくして使う。

作り方

1. 角食パンの片面に粒あんを塗り、解
凍したぎゅうひシートをのせる。
2. 1の上にマスカルポーネ＆生クリーム
15gを塗り、写真を参考に縦半分に切っ
たいちごをのせる。
3. もう1枚の角食パンにマスカルポーネ
＆生クリーム25gを塗り、2と合わせる。
4. 耳を切り落とし、3等分に切る。

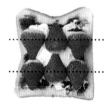

あんずと白あんのおやつサンド

甘酸っぱいあんずと白あんは相性のよい組み合わせ。缶詰のあんずにジャムを重ねることで、あんずの香りと風味が際立ちます。ごまの香るマスカルポーネクリームとのバランスも絶妙で、懐かしくも新しいおいしさです。

材料（1組分）

角食パン（10枚切り）…… 2枚
白あん …… 50g
ぎゅうひシート（業務用冷凍品）※
…… 1/3枚（10g）
あんずの缶詰 …… 4個
あんずジャム（p.26〜27参照）…… 15g
マスカルポーネごまクリーム（p.46参照）
…… 25g
白すりごま …… 少々

※市販のしゃぶしゃぶ用薄切り餅で代用可能。600Wの電子レンジで30秒程度加熱しやわらかくして使う。

作り方

1. 角食パンの片面に白あんを塗り、解凍したぎゅうひシートをのせる。
2. 1の上に写真を参考にあんず（缶詰）をのせ、あんず（缶詰）の間にあんずジャムをのせる。
3. もう1枚の角食パンにマスカルポーネごまクリームを塗り、**2**と合わせる。
4. 耳を切り落とし、3等分に切る。仕上げに白すりごまをかける。

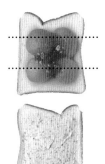

03

パンに果実を

のせる・塗る

オレンジ ╳ 食パン トーストしてのせる

カリカリに焼いたトーストに、バターとたっぷりのマーマレードをのせるのは、イギリスの朝の定番です。マーマレードのほろ苦さと甘み、バターの香りと、トーストの香ばしさが相まって毎日食べていても食べ飽きません。イギリス風にするなら、パンは薄いスライスで。"薄くてカリカリ"のトーストだからこその食べやすさも魅力です。

マーマレード&バタートースト

材料(1皿分)

山型食パン(10枚切り)※ …… 1枚
無塩バター※※ …… 適量
オレンジマーマレード …… 適量

※イギリス風のバランスを味わいたい場合は、リッチなタイプの高級食パンではなく、リーンな食パンを選ぶ。
※※パンには塩気があるので、無塩バターとマーマレードとパンで、甘みと塩味のバランスがとれる。味わいのコントラストを楽しみたい場合は、有塩バターを合わせてもよい。

作り方

1. 山型食パンはトーストする。
2. 1に無塩バターを塗り、次にオレンジマーマレードを塗る。

＊ここではオレンジマーマレードを使用。本書では、文旦マーマレード(p.29参照)の作り方を紹介している。オレンジや夏みかんなど、好みで合わせるとよい。

ラズベリー ╳ バゲット

フランスの朝食といえば、タルティーヌ（tartine）。タルティーヌとは、塗る（タルティネ<tartiner>）という動詞の名詞形で、パンにジャムやバターを塗ったもののこと。バゲットを水平に切るのは、クラム（パンの中身）に気泡が多いから。こうするとクラスト（パンの外皮）が支えとなり、たっぷりのバターとジャムを受け止めてくれます。気泡にバターやジャムの塊がランダムに入ることで、一口ごとに味の変化が楽しめるのも魅力です。リーンなパンだからこそ、おいしいバターとジャムをたっぷり合わせましょう。

ラズベリージャムのタルティーヌ

材料(1皿分)

バゲット …… 1/3本
無塩発酵バター …… 適量
ラズベリージャム(p.31参照)※ …… 適量

※ジャムはお好みで。複数を組み合わせたり、チョコレートやはちみつを合わせても。

作り方

1. バゲットは水平に切る。
2. 1に無塩発酵バターを塗り、次にラズベリージャムを塗る。

＊日本のバターは非発酵バターが主流だが、フランスでは基本的にバターといえば発酵バター。乳酸発酵によるほのかな酸味が感じられる、風味豊かなバターだ。とびきりおいしいバゲットを本場スタイルで楽しむなら、上質なバターを選びたい。

バナナ・アーモンド ✕ 食パン　のせてトースト

アメリカではバナナとピーナッツバターを合わせたサンドイッチがいくつかあります
が、ここではアーモンドバターに替え、ブルーチーズを合わせて大人味のトーストに
しました。ねっとりしたバナナの食感と甘みは、塩気の強いブルーチーズと相性がよ
く、アーモンドの香ばしさとコクが合わさることで、深い味わいに。個性の強い食材
には、プレーンな食パンよりも素朴な全粒粉食パンが合います。

バナナとブルーチーズの
アーモンドバタートースト

材料(1皿分)

全粒粉食パン(8枚切り) …… 1枚
アーモンドバター(p.49参照) …… 40g
バナナ …… 1本
ブルーチーズ※ …… 10g
はちみつ …… 10g
スライスアーモンド(ロースト) …… 2g

※ここではブルードーベルニュを使用。ゴルゴ
ンゾーラ、フルムダンベールなど、マイルドな
タイプのブルーチーズが向く。

作り方

1. 全粒粉食パンにアーモンドバターを塗る。
2. バナナは輪切りにして1にのせる。
3. 小さく切ったブルーチーズをバナナの上に
のせ、ブルーチーズが溶けてくるまでトースト
する。
4. 仕上げにはちみつをかけ、粗く砕いたアー
モンドスライスをのせる。

ミックスベリー ✕ クロワッサン

タルティーヌと並ぶフランスの朝食の定番はクロワッサン。カフェオレに浸して食べるのがフランス流ですが、バターたっぷりのリッチなクロワッサンは、バゲットと比べると高級品。なので、フランスの一般家庭では毎朝というわけではなく、週末の特別なメニューということが多いようです。クリームとジャム、さらにフレッシュなベリーを合わせたクロワッサン・タルティーヌはリッチな味わい。週末のブランチにピッタリです。

ミックスベリーとラズベリージャムの
クロワッサン・タルティーヌ

材料(1皿分)

クロワッサン …… 1個(42g)
マスカルポーネ＆生クリーム(p.41参照)
…… 45g
ラズベリージャム(p.31参照) …… 20g
いちご …… 1個
ラズベリー …… 3粒
ブルーベリー …… 5粒
ピスタチオ(スーパーグリーン) …… 少々

作り方

1. クロワッサンは横から半分に切る。

2. 1の底側にマスカルポーネ＆生クリームを塗り、ラズベリージャムをのせる。

3. 2にラズベリー、ブルーベリー、スライスしたいちごをのせ、粗く刻んだピスタチオをのせる。

4. 上側のクロワッサンを添え、底側にのせたクリームとジャム、フルーツをクロワッサンに塗りながらいただく。

いちじく ✕ ベルリーナラントブロート 〔トーストしてのせる〕

味わい深いライ麦パンにごまとはちみつを合わせたマスカルポーネをたっぷり塗って、スライスしたいちじくを合わせました。いちじくの素朴な甘みが、クリームによく合います。どこか懐かしい味わいで、噛みしめるほどにライ麦とごまの香りが広がります。

いちじくのタルティーヌ
マスカルポーネごまクリーム

材料(1皿分)

ベルリーナラントブロート
(10mmスライス)※ …… 1枚(25g)
マスカルポーネごまクリーム(p.46参照)
…… 30g
いちじく(小)※※ …… 2個
はちみつ …… 適量

※ベルリン風の田舎パンで、ライ麦粉の多いドイツパン。サワー種独特の酸味が味わい深く、薄くスライスするのがおすすめ。手に入りやすいライ麦パンや田舎パンで代用可。
※※ここでは小ぶりなブラック・ミッション(カリフォルニア産黒いちじく)を使用。

作り方

1. ベルリーナラントブロートは軽くトーストする。
2. 1を斜め半分に切り、片面にマスカルポーネごまクリームを塗り、スライスしたいちじくをのせる。
3. お好みではちみつをかけていただく。

りんご ✕ パン・ド・カンパーニュ

フランス・ノルマンディー生まれの白カビチーズ「カマンベール」は、同じくノルマンディーの特産品であるりんごによく合います。ここではスライスしたりんごをそのまま合わせて、フレッシュな香りと食感を味わいましょう。コクのあるチーズの風味とさっぱりとしたりんごの味わいのコントラストが心地よく、ラズベリージャムの香りとくるみの香ばしさがアクセントになり、後を引くおいしさ。ワインに合わせたい、大人のタルティーヌです。

りんごとカマンベールのタルティーヌ

材料(1皿分)

パン・ド・カンパーニュ
(12mmスライス) …… 1枚(24g)
無塩バター …… 8g
ももハム …… 15g
りんご※ …… 5mmの皮付き半月スライス3枚
カマンベール(フランス産)
……1/8個(250g/個)
ラズベリージャム(p.31参照) …… 20g
くるみ(ロースト) …… 3g

※ここでは紅玉を使用。しっかりした酸味とシャキッとした食感が、パンに合う。

作り方

1. パン・ド・カンパーニュに無塩バターを塗り、ももハムをのせる。

2. 1にりんごと3等分に切ったカマンベールを交互にのせる。

3. 仕上げにラズベリージャムをかけ、粗く刻んだくるみをのせる。

ミックスナッツ ✕ バゲット

ナッツのはちみつ漬けは、ナッツとはちみつを合わせるだけ。ナッツの香ばしさやコクが濃厚なはちみつの甘みと調和して、一度食べると忘れられない味わいです。そのままパンに合せても美味ですが、バターを合わせると、禁断のおいしさに。バターは冷たいままをスライスしてのせるのが、おすすめです。

ミックスナッツの
はちみつ漬けのタルティーヌ

材料(1皿分)
バゲット …… 12mm斜めスライス3枚
無塩バター …… 18g(6g×3枚)
ミックスナッツのはちみつ漬け
(p.19参照) …… 90g

作り方
1. バゲットに薄くスライスした無塩バターをのせる。
2. 1にミックスナッツのはちみつ漬けをのせる。

アメリカンチェリー ╳ パン・ド・カンパーニュ

バルサミコ酢でマリネしたアメリカンチェリーは、濃厚な甘みの中にほどよい酸味と豊かな風味が生まれます。あっさりとしたカッテージチーズが、アメリカンチェリーの味わいを際立たせ、パンとつなげてくれます。はちみつは甘みだけでなく、そのとろみがアメリカンチェリーとカッテージチーズとパンを接着させる効果もあります。仕上げの黒こしょうがアクセントになり、全体を引き締めます。

アメリカンチェリーと
カッテージチーズのタルティーヌ

材料(1皿分)

パン・ド・カンパーニュ
(10mmスライス) …… 1枚(40g)
カッテージチーズ…… 36g
アメリカンチェリー
(種を抜き3等分にスライスする) …… 45g
バルサミコ酢 …… 小さじ1
はちみつ …… 適量
黒こしょう(粗挽き) …… 少々

作り方

1. アメリカンチェリーにバルサミコ酢をかけ、全体をなじませる。

2. パン・ド・カンパーニュは斜めに半分に切り、カッテージチーズを塗る。

3. 2に1をのせ、はちみつをかける。仕上げに黒こしょうをふる。

アメリカンチェリーはバルサミコ酢で軽くマリネすることで味わいが引き立つ。

栗 ✕ パン・ド・カンパーニュ 〔トーストしてのせる〕

ほっくりとした栗の甘みと、黒こしょうを効かせたリコッタが好相性。一口ごとに味わい深く、シンプルな見た目の印象からは想像できないおいしさです。パン・ド・カンパーニュは、トーストすることで、その香ばしさと栗の芳香が相乗します。リコッタクリームは、はちみつで甘みをつけるだけでなく、塩を加えることで味が締まり、パンとのバランスが整います。

栗の渋皮煮と
リコッタのタルティーヌ

材料(1皿分)

パン・ド・カンパーニュ
(12mmスライス) …… 1枚(40g)
リコッタクリーム(p.46参照) …… 35g
栗の渋皮煮(p.38〜39参照) …… 1個(30g)
黒こしょう(粗挽き) …… 少々

作り方

1. パン・ド・カンパーニュは軽くトーストする。
2. 1にリコッタクリームを塗り、粗く刻んだ栗の渋皮煮をのせる。仕上げに黒こしょうをかける。

レモン ╳ クランペット

もっちりとした食感が特徴的なクランペットに、さわやかなレモンカードをたっぷり
のせて。レモンの皮でさらに香りを添えました。卵とバターのコクで、シンプルなが
らも重量感ある食べ応えです。香り高い紅茶と合わせていただきたい、おすすめの一
皿です。

クランペットとレモンカード

材料(1皿分)

クランペット＊…… 1枚
レモンカード(p.44〜45参照) …… 適量
レモンの皮(すりおろす) …… 少々

作り方

1. クランペットはトーストする。
2. 1にレモンカードをのせ、レモンの皮をかける。

＊クランペット (Crumpet) は、主にイギリスで
食される、発酵生地で作るパンケーキのような
軽食パン。甘みはなく、もっちりとした弾力の
ある食感が特徴で、イーストだけでなくベーキ
ングパウダーも加えて焼くため、無数の気泡が
生まれ表面に穴がある。トーストしてバターや
はちみつ、ジャムを添えるのが定番。

アボカド ✕ ライ麦食パン　トーストしてのせる

近年人気の広がっているアボカドトーストは、ライ麦食パンとの組み合わせがおすすめです。トーストすることで香ばしさが増し、シンプルなアボカドディップのフレッシュな風味を引き立てます。アボカドはスライスしてのせてもよいですが、ペーストにしてパンに塗ると、より食べやすく、トーストとの一体感が楽しめます。アボカドはラフにつぶすことと、塩をしっかりときかせるのがポイントです。

アボカドトースト

材料(1皿分)
ライ麦食パン(12枚切り) …… 1枚
アボカドペースト※ …… 1単位分
レッドペッパー(粗挽き) …… 少々

※ アボカドペースト(作りやすい量)
アボカド130gはフォークで粗くつぶし、ライム果汁10g、E.V.オリーブ油10gを混ぜ合わせ、塩、白こしょうで味をととのえる。

作り方
1. ライ麦食パンはトーストする。
2. 1にアボカドペーストを塗り、対角線上に4等分に切る。仕上げにレッドペッパーをかける。

パイナップル ✕ 食パン トーストしてのせる

トーストに生のフルーツを合わせると、食感のコントラストでフレッシュ感が際立つ一方、焼いたフルーツを合わせると、パンとフルーツそれぞれの香ばしさが相乗して力強い味わいになります。焼きパイナップルにはベーコンを合わせて、甘みと塩味のコントラストを楽しみましょう。強い味わいのメイン食材とパンをつなぐのは、あっさりとしたリコッタクリーム。黒こしょうとミントのアクセントで味わいが引き締まります。

焼きパイナップルと
ベーコンのトースト

材料(1皿分)

全粒粉食パン(8枚切り) …… 1枚
リコッタクリーム(p.46参照) …… 50g
パイナップル(p.25切り方6参照)
…… 8mmの輪切り1枚
ベーコン …… 1枚
黒こしょう(粗挽き) …… 少々
ミントの葉 …… 少々

作り方

1. ベーコンはフライパンで焼き、6等分に切る。
2. パイナップルは6等分に切ってフライパンで両面を焼き、焼き色をつける。
3. 全粒粉食パンはトーストし、半分に切る。
4. 3にリコッタクリームを塗り、1と2を交互にのせる。仕上げに黒こしょうをかけ、小さくちぎったミントの葉をのせる。

04

パンに果実を
含ませる

ベリー ✕ 食パン

サマープディング

「サマープティング（Summer pudding）」とはイギリスの伝統的なデザートで、その名の通り、夏のメニューです。たっぷりのベリーを砂糖で煮て、食パンを敷き込んだ型にジュースごと流し込んで冷やし固めれば完成です。ボウルでドーム状に作ることが多いのですが、ここでは食べやすいように1人分のサイズで作ります。たっぷりの砂糖で煮ることで、とろみを出して冷やし固めるのが伝統的な作り方ですが、甘さ控えめに仕上げるため、ゼラチンを加えてアレンジしました。果汁を吸い込んだパンが思いのほかおいしく、喉ごしがいいので暑い日にもさらりといただけます。デザートにはもちろん、夏の朝食にもよいでしょう。

※ぶどうジュースを赤ワインに替えると大人っぽい味わいに仕上がる。朝食にはジュースで、夜のデザートでは赤ワインと、シーンによって使い分けてもよい。

材料（200mlのグラス2個分）

角食パン（6枚切り）…… 3枚
冷凍ミックスベリー …… 250g
はちみつ …… 80g
ぶどうジュース
（果汁100%）※…… 100ml
レモン果汁 …… 小さじ1
板ゼラチン …… 5g
〈トッピング〉
マスカルポーネ＆生クリーム
（p.41参照）…… 70g
ブルーベリー、ラズベリー…… 各6粒
ミント …… 少々

作り方

1 板ゼラチンは重ならないように1枚ずつたっぷりの氷水につける。

2 冷凍ミックスベリー、はちみつ、ぶどうジュース、レモン果汁を鍋に入れて火にかけ、中火で煮る。

3 沸いてきたらアクを取る。

4 1のゼラチンを絞ってから加える。

5 火を止めて、混ぜながらゼラチンを溶かす。

6 角食パンを抜き型を使って丸く抜く。

7 グラスの底面、中央、上面それぞれのサイズに合わせて、グラス1個につき3枚用意する。

8 7を5につけて果汁をしっかりと含ませる。

9 8をグラスの底に1枚入れ、5をグラスの2/5程度の高さまで入れ、さらに8を1枚入れる。

10 5をたっぷりと入れ、8の残りの1枚をのせる。

11 上部が平らになるように押さえ、ラップをして冷蔵庫で冷やし固める。型から出し、マスカルポーネ＆生クリームをのせ、ブルーベリー、ラズベリー、ミントを飾る。

オレンジ ✕ バタール

バタールとオレンジのサマーフルーツプディング

オレンジジュースをたっぷりと吸い込んだバタールは、さわやかな風味で喉ごしがよく、夏の朝食にピッタリです。火を使わないので手軽に作れるのも魅力です。朝食用なら寝る前につけておくとよいでしょう。アイスクリームの他、生クリームや水切りヨーグルトを添えても。甘みは仕上げのはちみつで調整しましょう。

材料(1皿分)

バタール(30mmスライス)
…… 3枚(25g×3)
オレンジジュース
(果汁100%) …… 180㎖
バニラアイスクリーム …… 120g
オレンジ(p.21切り方7参照) …… 3房
はちみつ …… 適量
オレンジピールのコンフィ※…… 少々
ピスタチオ …… 少々

作り方

1. バタールをバットに入れ、オレンジジュースをかけて全体に含ませる。冷蔵庫に入れ、冷やしながらしっかりと吸わせる。
2. 1を皿にのせ、バニラアイスクリームとオレンジをのせる。仕上げに刻んだピスタチオとオレンジピールのコンフィをのせる。好みではちみつをかけていただく。

※オレンジピールのコンフィ
(作りやすい量)
オレンジの皮1個分はワタをそぎ、せん切りにする。鍋に湯を沸かし、3回ゆでこぼし、ざるに上げる。小鍋に水100㎖とグラニュー糖60gを加えて火にかける。グラニュー糖が溶けたら、オレンジの皮を加えて弱火で煮る。

いちじくのサマープフルーツプディング

いちじくのコンポートをシロップごと使ったサマープディングは、赤ワインの効いた大人
味。ブリオッシュで作るとリッチな味わいが楽しめます。クラシックなサマープティング
とは異なる、オープンスタイルの仕上げは、フルーツそのものの存在感が際立ちます。季
節の果実でアレンジして、四季のプディングを作るのもよいでしょう。

材料(1皿分)

ブリオッシュ・ナンテール
(4cmの角切り) …… 40g
いちじくのコンポート(p.36参照)のシロップ
…… 100㎖
いちじくのコンポート(p.36参照) …… 70g
カスタードクリーム(p.42～43参照) …… 35g
マスカルポーネ&生クリーム(p.41参照) …… 20g
アーモンドスライス(ロースト) …… 少々
ピスタチオ(スーパーグリーン) …… 少々

作り方

1. ブリオッシュ・ナンテールをバ
ットに入れ、いちじくのコンポート
のシロップをかけて全体に含ませ
る。冷蔵庫に入れ、冷やしながらし
っかりと吸わせる。
2. 1を皿にのせ、丸い口金を付けた
絞り袋に入れたカスタードクリーム
とマスカルポーネ&生クリームを絞
る。いちじくのコンポートを半分に
切ってのせ、仕上げにアーモンドス
ライスと粗く刻んだピスタチオをの
せる。

ブリオッシュ・ナンテールは
一口大に切ることでシロップ
がなじみやすく、食べやすく
なる。

栗 ✕ ブリオッシュ

栗のババ

フランスの発酵菓子の中でも特に人気の高いババ（baba）は、レーズンを加えた発酵生地を焼いたものに、ラム酒やキルシュ酒を加えたシロップをしみ込ませたものです。ロレーヌ地方の銘菓のクグロフがパサパサしているのでラム酒をふりかけたのが発祥といわれています。栗の渋皮煮とシロップを活用したババは、栗の風味とラム酒の香りがマッチした大人の味わいです。基本形に食材を一つ加えるだけでも、季節感を表現できます。

材料（1組分）
ババ（ブリオッシュ・ア・テットで代用可）
…… 1個（60g）
栗の渋皮煮 …… 1個
栗のシロップ※ …… 適量
マスカルポーネ&生クリーム（p.41参照）
…… 40g

※栗のシロップ
栗の渋皮煮のシロップ100㎖を沸騰させ、ラム酒大さじ1を加える。シロップの甘みが足りない場合はグラニュー糖を足して調整する。

作り方
1. 栗のシロップを30〜35℃に温め、ババを浸す。ときどき返しながら、全体にシロップをたっぷりとしみ込ませる。網をのせたバットに上げ、余分なシロップを切る。
2. 皿に1をのせ、丸い口金を付けた絞り袋に入れたマスカルポーネ&生クリームを絞る。栗の渋皮煮は半分に切り、一つはそのままで、もう一つはさらに細かく切って、クリームの上に添える。

＊ババはレーズン入りでコルク型、サヴァランはプレーン生地でリング状の型で焼かれることが多いが、ババの形には明確な規定はない。一般的なブリオッシュ生地よりもゆるめで、絞り袋で絞って入れるレシピも多くある。ベーカリーで作る場合は、既存のブリオッシュ生地で代用してもよい。家庭では、市販のブリオッシュ・ア・テットや丸形のブリオッシュを使うと気軽に作れる。

黄桃 ✕ ブリオッシュ

ピーチメルバ風サヴァラン

ババと並び人気のサヴァラン（savarin）は、ババから着想を得て作られるようになったものです。美食家である「ブリア＝サヴァラン」の名前を冠していたのが、省略されて「サヴァラン」の名が定着したといわれています。黄桃の缶詰とシロップを活用したサヴァランは、ラズベリーと合わせてピーチメルバ風に仕上げました。彩りも華やかで贅沢な味わい。アイスクリームを添えても美味です。

材料（1皿分）

サヴァラン（ブリオッシュ・ア・テットで代用可）
…… 1個（60g）
黄桃の缶詰（半割）…… 1/2切れ
黄桃のシロップ※ …… 適量
ラズベリージャム …… 20g
マスカルポーネ＆生クリーム（p.41参照）
…… 40g
アーモンドスライス（ロースト）…… 3g
（あれば）ラズベリー …… 3個

※黄桃のシロップ（作りやすい量）
黄桃の缶詰のシロップ100mlを沸騰させてから、キルシュ大さじ1を加える。シロップの甘さが足りない場合はグラニュー糖を足して調整する。

作り方

1. 黄桃のシロップを30〜35℃に温め、サヴァランを浸す。ときどき返しながら、全体にシロップをたっぷりとしみ込ませる。網をのせたバットに上げ、余分なシロップを切る。
2. 皿に1をのせ、サヴァランの上のくぼみの部分にラズベリージャムを入れる。黄桃（缶詰）をスライスして添え、マスカルポーネ＆生クリームを丸い口金を付けた絞り袋に詰めて絞る。仕上げにラズベリーをのせ、アーモンドスライスをのせる。

＊サヴァランとババの生地の作り方
（作りやすい量）

強力粉200g、卵2個（100g）、牛乳100ml、グラニュー糖25g、塩4g、インスタントドライイースト8gをよく混ぜ合わせる。生地がまとまってきたら無塩バター（湯煎で溶かし常温まで冷ます）70gを少しずつ加え、まとまるまで混ぜ合わせる。ババにはさらにレーズン70gを加える。35℃で30分一次発酵をとった後、丸い口金を付けた絞り袋に詰めて型に絞り入れる。35℃で15分おき、型の8割程度まで発酵させる。200℃に余熱したオーブンで焼き色がつくまで焼く。

05

果実が名脇役
世界の
サンドイッチ

France

ジャンボン・フロマージュ マンゴーマスタード添え

Jambon fromage et moutarde à la mangue

フランス語でジャンボンとはハム、フロマージュはチーズのこと。定番の
ジャンボン・フロマージュはハード系のチーズを使いますが、クリーミー
な白カビチーズを組み合わせるとワンランク上のおいしさに。フルーティ
ーなマンゴーマスタードとの組み合わせが新鮮です。

Italy

メロンと生ハムのパニーノ

Panino con melone e prosciutto

生ハムとフルーツの組み合わせは、アンティパストの定番です。中でもメロンとの組み合わせは人気です。ルッコラをはさんだシンプルなパニーノに、アンティパストの要素をプラスし、メロンをたっぷりはさみました。メロンは赤肉系の濃厚な甘みとコクが生ハムによく合います。オリーブ油の香りと、フォカッチャの歯切れのよさが、食材のバランスを引き立てます。レッドペッパーのピリッとしたアクセントで味わいが引き締まります。

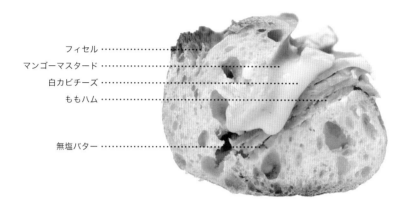

フィセル …………

マンゴーマスタード …………

白カビチーズ …………

ももハム …………

無塩バター …………

ジャンボン・フロマージュ マンゴーマスタード添え

材料(1本分)

フィセル …… 1本(110g)
無塩バター …… 14g
ももハム …… 40g
白カビチーズ※ …… 30g
マンゴーマスタード(p.33参照) …… 15g

※ブリー、カマンベールなど手に入りやすい
白カビチーズでOK。ここではクロミエを使用。

作り方

1. フィセルは横から切り込みを入れ、内側に無塩
バターを塗る。
2. 1にももハム、カットした白カビチーズ、マンゴ
ーマスタードを順にはさむ。

フランスのジャンボン・フロマージュはバゲットで作るが、ここではフィセルを使う。細長いのでたっぷりハムとチーズをはさんでも食べやすい。

フォカッチャ …………

メロン …………

ルッコラ …………

生ハム …………

フォカッチャ …………

E.V.オリーブ油＋レッドペッパー

E.V.オリーブ油

メロンと生ハムのパニーノ

材料(1組分)

フォカッチャ…… 1枚(120g)
E.V.オリーブ油 …… 10㎖
生ハム(プロシュート) …… 1枚
赤肉系メロン(くし形切り／p.22の切り方9参照)
…… 42g
ルッコラ……4g
レッドペッパー(粗挽き) …… 少々

作り方

1. フォカッチャは横から半分に切り、下側のカット面にE.V.オリーブ油の半量をかける。
2. 1に生ハム、ルッコラ、薄くスライスしたメロンを順にのせ、残りのE.V.オリーブ油を回しかけ、レッドペッパーをふってからはさむ。

メロンと生ハムのサラダ

パニーノと同じ組み合わせをサラダにしても。メロンと生ハム(プロシュート)とルッコラを器に盛り、メロンのソース※をかけます。ソースにパンが入ることでとろみがつき、サラダにからみやすく、おいしくいただけます。

※メロンのソース(作りやすい量)
メロン100g、白ワインビネガー20㎖、E.V.オリーブ油80㎖、パン(フォカッチャかバゲット)15gをブレンダーで攪拌してピュレにする。塩、白こしょうで味をととのえる。

Vietnam

豚肉とパイナップルのバイン・ミー

Bánh mì thịt lợn và dứa

フランス統治下時代にベトナムに伝わったパン文化は、今ではベトナムの
食文化の中でも重要なものになっています。ベトナムのパンはフランスの
バゲットとは別物ですが、皮が薄く、軽い食感だからこそ、たくさんの具
をはさんでもバランスよくまとまります。アジアらしい調味料の組み合わ
せは、甘み、酸味、辛みなどさまざまな味の要素の調和が楽しめるのも特
徴的です。フルーツも調味料の一つと捉えると、組み合わせの幅が広がり
ます。

Taiwan

ピーナッツバター入りミックスサンド

花生醬口味総合三明治

ピーナッツバターのサンドイッチというと、アメリカの印象が強いですが、台湾でもサンドイッチにピーナッツバターを多用します。台湾の人気サンドイッチ店のトーストサンドは、ピーナッツバターのコクと香りがアクセント。野菜やベーコン、卵などの定番食材の組み合わせが、新しいおいしさに感じられます。

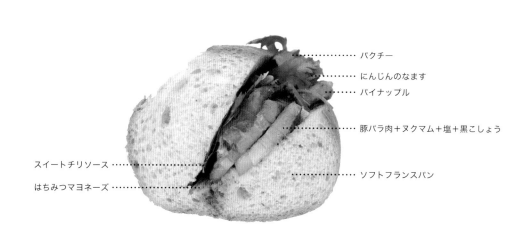

パクチー

にんじんのなます

パイナップル

豚バラ肉＋ヌクマム＋塩＋黒こしょう

スイートチリソース

はちみつマヨネーズ

ソフトフランスパン

豚肉とパイナップルのバイン・ミー

材料(1本分)

ソフトフランスパン …… 1本(80g)
豚バラ肉(焼肉用) …… 45g
ヌクマム(ナンプラーで代用可)
…… 小さじ1
パイナップル(p.25切り方6参照)
…… 5mm輪切り1/2枚(15g)
はちみつマヨネーズ※ …… 6g
スイートチリソース …… 10g
にんじんのなます※※ …… 10g
パクチー(ざく切り) …… 3g
ピーナッツ …… 2g
塩 …… 少々
黒こしょう …… 少々

※はちみつマヨネーズ
マヨネーズ：はちみつ＝9：1の割合で混ぜ
合わせる。

※※にんじんのなます(作りやすい量)
にんじん100gを短冊状に切る。米酢30㎖、
水30㎖、きび砂糖15g、塩5gを合わせた甘
酢に漬ける。

作り方

1. 豚バラ肉は塩少々をふり、フライパンで両面を
焼く。仕上げにヌクマムをふり入れて絡め、黒こし
ょうをふる。
2. パイナップルは4等分に切り、フライパンで両面
に焼き色がつく程度に焼く。
3. ソフトフランスパンは表面がパリッとする程度
に軽くトーストし、横から切り込みを入れ、内側に
はちみつマヨネーズを塗る。
4. 3に1、スイートチリソース、2、にんじんの
なます、パクチー、粗く砕いたピーナッツを順には
さむ。

バイン・ミーは、ベトナム
でパンそのものを指す言葉
であり、サンドイッチのこ
ともバイン・ミーと言う。

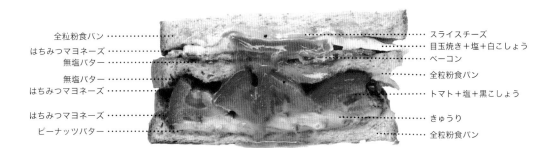

全粒粉食パン …………………… ……………… スライスチーズ
はちみつマヨネーズ …………… ……………… 目玉焼き＋塩＋白こしょう
無塩バター ……………………… ……………… ベーコン

無塩バター ……………………… ……………… 全粒粉食パン
はちみつマヨネーズ …………… ……………… トマト＋塩＋黒こしょう

はちみつマヨネーズ …………… ……………… きゅうり
ピーナッツバター ……………… ……………… 全粒粉食パン

ピーナッツバター入りミックスサンド

材料(1組分)

全粒粉食パン（8枚切り）…… 3枚
ピーナッツバター …… 25g
無塩バター …… 9g(3g×3)
きゅうり（縦2mmスライス）…… 1/2本(40g)
トマト（くし形切り）…… 1/2個(60g)
ベーコン …… 2枚(20g)
卵 …… 1個
スライスチーズ …… 1枚(20g)
はちみつマヨネーズ(p.158参照)…… 6g(2g×3)
塩 …… 少々
黒こしょう …… 少々
白こしょう …… 少々

作り方

1. 全粒粉食パンは軽くトーストする。

2. 卵はサラダ油（分量外）をひいたフライパンで目玉焼き（両面焼き）にし、塩、白こしょうをかける。ベーコンは半分に切りソテーする。

3. 1にピーナッツバターを塗り、きゅうりを並べる。その上に絞り袋に入れたはちみつマヨネーズ2gを線がけし、4等分のくし形切りにしたトマトをのせる。トマトに塩と黒こしょう少々をふり、はちみつマヨネーズ2gを線がけする。無塩バター3gを塗った全粒粉食パンではさむ。

4. 3の上に無塩バター3gを塗り、1のベーコンを並べる。はちみつマヨネース2gを線がけしてから1の目玉焼きとスライスチーズをのせる。残りの無塩バターを塗った全粒粉食パンではさみ、半分に切る。

U.S.A.

レモンクリームチーズと
スモークサーモンのベーグルサンド

Lemon cream cheese and smoked salmon bagle sandwich

クリームチーズとサーモンはベーグルサンドで一番人気の組み合わせです。ベーグル専門店には、さまざまなフレーバーのクリームチーズがあり、自由に組み合わせることができます。塩レモンを刻んでクリームチーズと合わせたさわやかなディップは、サーモンと好相性。レモンの皮のすりおろしとディルを添えることで、さらに香りよく仕上がります。

U.S.A.

キューバンサンドイッチ

Cuban sandwich

キューバの労働者の日常食だったとされるサンドイッチで、キューバから
の移民の多いマイアミから人気が広がりました。キューバンブレッドに、
キューバ風ローストポーク、ハム、チーズ、ディルピクルスをはさみ、し
っかりとプレスしてカリッと焼き上げます。このローストポークは、柑橘
の果汁とスパイス、オリーブ油で作るマリネ液につけ込むのが特徴で、サ
ンドイッチの味の決め手です。

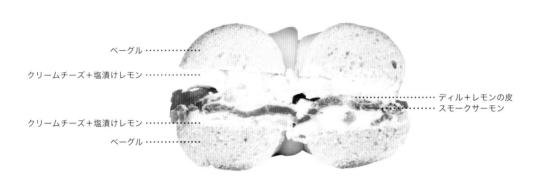

ベーグル ……………
クリームチーズ＋塩漬けレモン …………
クリームチーズ＋塩漬けレモン …………
ベーグル …………
………… ディル＋レモンの皮
………… スモークサーモン

レモンクリームチーズとスモークサーモンのベーグルサンド

材料(1組分)
プレーンベーグル …… 1個(100g)
クリームチーズ …… 100g
塩漬けレモン※ …… 15g
スモークサーモン …… 30g
ディル(フレッシュ) …… 少々
レモンの皮(すりおろす) …… 少々

※塩漬けレモンの作り方
レモンは皮ごと5mmの厚さにスライスする。
重量の12%の塩を合わせて保存容器に入れ
る。少量の場合は、ジッパー付きの保存袋に
入れ、空気を抜くと一晩で味がなじむ。保存
する場合は冷蔵庫に入れる。

作り方
1. 塩漬けレモンは粗みじん切りにしてクリームチ
ーズと混ぜ合わせる。
2. ベーグルは横から半分に切り、内側に1を半量ず
つ塗る。
3. 2の下側にスモークサーモンをのせ、ディルとレ
モンの皮をのせてはさむ。

ベーグルは一度お湯でゆで
ることからむっちりと詰ま
った特有の食感が生まれる。

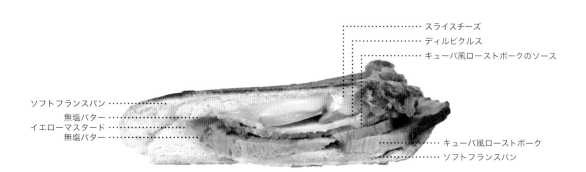

スライスチーズ
ディルピクルス
キューバ風ローストポークのソース

ソフトフランスパン
無塩バター
イエローマスタード
無塩バター

キューバ風ローストポーク
ソフトフランスパン

キューバンサンドイッチ

材料（1本分）

ソフトフランスパン …… 1本（80g）
無塩バター …… 6g
イエローマスタード …… 5g
キューバ風ローストポーク※（スライス）…… 70g
キューバ風ローストポークのソース※※…… 5g
ももハム …… スライス1枚（25g）
ディルピクルス
（ディル風味の小型きゅうりのピクルス）…… 8g（1個）
スライスチーズ
（ここではラクレットスライスを使用）…… 35g

※キューバ風ローストポーク（作りやすい量）
E.V.オリーブ油100㎖、オレンジジュース（果汁100％）
100㎖、ライム1個分の搾り汁、パクチー1/2束（みじん切り）、にんにく2片のすりおろし、クミン小さじ1、塩小さじ1.5、オレガノ小さじ1、パプリカパウダー小さじ1、白こしょう少々を混ぜ合わせてマリネ液を作る。豚肩肉1kgをマリネ液につけ、冷蔵庫で2〜3日味をなじませる（ジッパー付きの保存袋に入れ、空気を抜くとよい）。マリネ液から出し、フライパンで全体を焼きつけてからバットにのせ、160℃に余熱したオーブンで約45分焼く。
※※マリネ液とバットに出た焼き汁を合わせ、鍋で半量程度まで煮詰める。

作り方

1. ソフトフランスパンは横から切り込みを入れ、内側に無塩バターを塗る。上側にはさらにイエローマスタードも塗る。
2. 1にキューバ風ローストポーク、キューバ風ローストポークのソース、ももハム、スライスしたディルピクルス、スライスチーズを順にはさむ。
3. フライパンに無塩バター（分量外）を溶かし、2を入れ、上から強くプレスしながら焼く。焼き色がついて、カリッとしたら裏返して中のチーズが溶けるまで両面を焼く。

＊プレスして焼く際は、パニーニグリラーを使ってもよい。

フルーティー＆スパイシーなマリネ液は、ソースとして活用したい。焼き汁と合わせて煮詰めると旨みが増す。

England

ティーサンドイッチ

Tea sandwiches

アフタヌーン・ティーの習慣とともに生まれたサンドイッチで、フィンガー・サンドイッチとして上品にいただける薄さやサイズ感が特徴です。耳を切り落とした薄いパンとそのバランスに合う上品な具材、そしてパンと具材をつなげる上質なバター。シンプルだからこそ、素材を最大限生かすことができ、作るたびに発見があるサンドイッチです。卵、ハム、きゅうりの基本形に、マーマレードをプラスすることでスイーツの要素も加わり、ティータイムを堪能できます。

Japan

マンゴーソースの
厚切りとんかつサンド

みんなが大好きなかつサンドは、とんかつ自体のおいしさを最大限引き出したいものです。手作りするなら、思い切って厚切りで。脂ののった肩ロース肉をじっくり二度揚げしてジューシーに仕上げます。味の決め手は、マンゴージャムを合わせた特製かつソース。甘酸っぱさが豚肉本来の旨みを引き出してくれます。

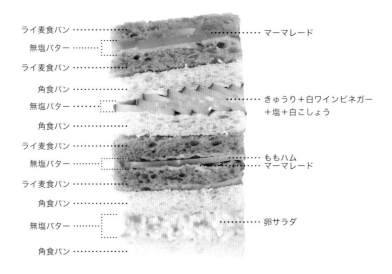

ライ麦食パン ……… マーマレード
無塩バター ………
ライ麦食パン ………
角食パン ……… きゅうり＋白ワインビネガー
無塩バター ……… ＋塩＋白こしょう
角食パン ………
ライ麦食パン ……… ももハム
無塩バター ……… マーマレード
ライ麦食パン ………
角食パン ………
無塩バター ……… 卵サラダ
角食パン ………

ティーサンドイッチ

材料(1組分)

a. 卵サンド
角食パン（12枚切り） …… 2枚
無塩バター …… 8g
卵サラダ※ …… 60g

b. ハムサンド
ライ麦食パン（12枚切り） …… 2枚
無塩バター …… 8g
マーマレード※※ …… 15g
ももハム …… 25g

c. キューカンバーサンド
角食パン（12枚切り） …… 2枚
無塩バター …… 8g
きゅうり（縦2mmスライス）
…… 1/2本（40g）
白ワインビネガー …… 少々
塩 …… 少々
白こしょう …… 少々

d. マーマレードサンド
ライ麦食パン（12枚切り） …… 2枚
無塩バター …… 10g
マーマレード※※ …… 30g

※卵サラダ（作りやすい量）
ゆで卵1個を粗く刻み、塩、白こしょうで下味をつ
けてからマヨネーズ10gを混ぜ合わせる。

※※マーマレード
ここでは文旦のマーマレード（p.29）を使用。オレンジ
マーマレードなど好みのものを使ってよい。

作り方

a. 卵サンドを作る。角食パンの片面に無塩バ
ターを半量ずつ塗り、卵サラダをはさむ。
b. ハムサンドを作る。ライ麦食パンの片面に
無塩バターを半量ずつ塗り、1枚はさらにマー
マレードを塗り重ねる。ももハムをのせ、もう
1枚のパンではさむ。
c. キューカンバーサンドを作る。きゅうりは
バットに入れ、塩、白こしょうをふり、白ワイ
ンビネガーをかけ、10分程度マリネする。角
食パンの片面に無塩バターを半量ずつ塗り、ペー
パータオルで余分な水分を押さえ取ったきゅ
うりをはさむ。
d. マーマレードサンドを作る。ライ麦食パン
の片面に1枚は無塩バターを塗り、もう1枚は
マーマレードを塗って合わせる。

仕上げ
卵サンドとハムサンド、キューカンバーサンド
とマーマレードサンドをそれぞれ重ねて耳を切
り落としてから、6等分に切る。

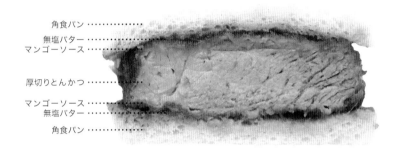

角食パン …………………

無塩バター …………………

マンゴーソース …………………

厚切りとんかつ …………………

マンゴーソース …………………

無塩バター …………………

角食パン …………………

マンゴーソースの厚切りとんかつサンド

材料(1組分)

角食パン(8枚切り) …… 2枚

無塩バター …… 6g

豚肩ロース肉(厚切り) …… 1枚(200g)

マンゴーソース(p.33参照) …… 35g

パン粉 …… 適量

卵 …… 1/2個

薄力粉 …… 適量

サラダ油 …… 適量

塩 …… 少々

白こしょう …… 少々

作り方

1. 厚切りとんかつを作る。常温に戻した豚肩ロース肉は肉たたきでたたき、筋切りをして、全体に塩、白こしょうをふる。薄力粉を全体にまぶしつけてから、溶き卵にくぐらせ、パン粉をつける。160℃に熱した油で約7分揚げる。網を引いたバットに上げ、4分ほど休ませた後、180℃の油でさらに片面1分ずつ揚げる。

2. 角食パンはあらかじめ耳を切り落としてから、片面に無塩バターを塗る。

3. 1の両面にマンゴーソースを半量ずつ塗って2にはさみ、3等分に切る。

06

パンに合う
果実を使った
世界の料理

France

3種の果実のキャロットラペ

Carottes râpées aux 3 fruits

シンプルなにんじんのサラダは、フランスでは定番のお惣菜です。果実を組み合わせることで、自然な甘みと香りがプラスされ、フルーティーな仕上がりに。サンドイッチの具材としてもおすすめです。

マンゴー＆ヨーグルト（右上）で使うデュカ（dukkah）は、中東発祥のミックススパイスで、ローストしたナッツ類、スパイス、ごま、塩などをブレンドしたもの。ここではヘーゼルナッツ、白ごま、コリアンダー、クミン、唐辛子、塩が入った市販品を使っていますが、好みの組み合わせで作ることができます。

カランツ＆くるみ（左）

材料(作りやすい分量)

にんじん …… 150g
カランツ …… 15g
レモン果汁 …… 大さじ1
E.V.オリーブ油 …… 大さじ1
塩 …… 小さじ1/3
白こしょう …… 少々
くるみ（ロースト） …… 適量

作り方

1. にんじんはチーズグレーターの太い部分でおろす。カランツはさっと湯通しする。
2. レモン果汁、塩、白こしょうをよく混ぜ合わせてからE.V.オリーブ油を合わせる。
3. 1と2を合わせて、1時間以上おいて味をなじませる。仕上げに粗く刻んだくるみをのせる。

マンゴー＆ヨーグルト（右上）

材料(作りやすい分量)

にんじん …… 150g
ヨーグルトソース※ …… 1単位分
ドライマンゴー …… 15g
デュカ …… 少々

※ヨーグルトソース(1単位分)
水切りヨーグルト50g、E.V.オリーブ油大さじ1、にんにく（すりおろし）少々、塩小さじ1/3、白こしょう少々を混ぜ合わせる。

作り方

1. にんじんはチーズグレーターの太い部分でおろす。
2. ドライマンゴーはせん切りにする。
3. 1と2にヨーグルトソースを合わせ、1時間以上おいて味をなじませる。仕上げにデュカをのせる。

オレンジ（右）

材料(作りやすい分量)

にんじん …… 150g
オレンジジュース …… 大さじ2
E.V.オリーブ油 …… 大さじ2
塩 …… 小さじ1/3
白こしょう …… 少々
オレンジ …… 1/2個
イタリアンパセリ …… 少々

作り方

1. にんじんはチーズグレーターの太い部分でおろす。
2. オレンジは皮をむき、小房に分ける。
3. オレンジジュースに塩、白こしょうをよく混ぜ合わせてから、E.V.オリーブ油を合わせる。
4. 1と2に3を合わせ、1時間以上おいて味をなじませる。仕上げにイタリアンパセリの葉のせん切りをのせる。

材料(2〜3人分)

いちじく※ ……5個
モッツァレラチーズ ……1個
レッドチコリ※※ ……8〜10枚
サラミ ……4〜6枚
E.V.オリーブ油 ……適量
塩 ……少々
黒こしょう ……少々

※ここでは国産品と輸入品の3種類
のいちじくを使用。使用品種：桝井
ドーフィン1個、ブラック・ミッシ
ョン(カリフルニア産黒いちじく)2
個、フィレンツェ(イタリア原産白
いちじく)2個

※※サクサクした食感と、ほのかな
苦みとやさしい甘みのバランスがよ
い。近年、日本でも栽培されるよう
になってきている。トレビスで代用
してもよい。

作り方

1. いちじくは半分に切る。モッツ
ァレラは一口大に手でちぎる。サラ
ミは半分に切る。
2. 器にレッドチコリと1をランダム
に盛り合わせる。全体に塩をふり、
E.V.オリーブ油をかける。仕上げに
黒こしょうをふる。

Italy

いちじくとサラミとモッツァレラのサラダ

Insalata con fichi, salame e mozzarella

イタリアのフレッシュチーズ、モッツァレラはフレッシュなフルーツとの相性がよ
く、季節のフルーツと組み合わせたサラダや前菜が人気です。ねっとりと熟したいち
じくとの組み合わせは大人っぽい味わいでおすすめです。サラミでコクと塩味を、レ
ッドチコリで食感とほろ苦さをプラスすることで、シンプルな味つけが生きてきます。

材料(2人分)

アメリカンチェリーのコンポートの
シロップ※ ⋯⋯ 100㎖
生クリーム(乳脂肪分35%)
⋯⋯ 100㎖
牛乳 ⋯⋯ 100㎖
塩 ⋯⋯ ひとつまみ
アメリカンチェリーのコンポート※
⋯⋯ 10粒
サワークリーム ⋯⋯ 50g
ミント ⋯⋯ 少々

※アメリカンチェリーのコンポート
作り方はp.34を参照。サワーチェリ
ーの缶詰を使用してもよい。

作り方

1. アメリカンチェリーのコンポー
トのシロップと、生クリーム、牛乳、
塩を混ぜ合わせる。
2. 器に1を注ぎ、スプーンですくっ
たサワークリームとアメリカンチェ
リーのコンポートをのせる。仕上げ
にせん切りにしたミントをのせる。

＊チェリーの他、プラムなどで作る
こともできる。酸味がしっかりある
フルーツが向く。

Hungary

チェリーの冷製スープ

Hideg cseresznyeleves

ハンガリーの夏の名物料理の冷たいフルーツスープは、デザートではなく前菜として
楽しむものです。現地では夏のフルーツを生クリームと砂糖で煮込んでから、小麦粉
でとろみをつけて冷やしますが、コンポートのシロップを活用すれば混ぜるだけで手
軽に作ることができます。手に入ればサワーチェリーで作るとより本格的です。ブリ
オッシュやミルクパンなど、ほんのり甘みのあるパンがよく合います。

材料(3〜4人分)

スイカ……(正味)400g
トマト ……300g(約1.5個)
たまねぎ ……60g
セロリ ……30g
パプリカ(赤) ……(正味)70g
バゲット ……50g
にんにく ……1/4片
E.V.オリーブ油 ……大さじ2
白ワインビネガー ……大さじ1
レモン汁 ……大さじ1
塩 ……小さじ1/4
白こしょう ……少々
カイエンペッパー ……少々
バジル ……少々

作り方

1. スイカは種と皮と取って計量し、一口大に切る。トマトは湯むきして、一口大に切る。パプリカは種を取って皮をむいて計量し、一口大に切る。

2. たまねぎとセロリは粗みじん切りにする。

3. バゲットは一口大に切り、水80mℓをかける。

4. ブレンダーに1、2、3を入れ、にんにく、E.V.オリーブ油、白ワインビネガー、レモン汁、塩、白こしょうを加えて、なめらかになるまで攪拌する。

5. 仕上げに丸くくり抜いたスイカ(分量外)、バジルを添え、E.V.オリーブ油少々(分量外)をかけ、カイエンペッパーをふる。

＊いちごやラズベリーなど、赤いベリーを加えたアレンジもおすすめ。

Spain

スイカのガスパチョ
Gazpacho de sandía y tomate

スペイン・アンダルシア地方発祥の冷製スープは、トマトをベースにすることが多く、パンでとろみをつけるのが特徴です。夏のスープとして世界中で人気があり、フルーツを使ったアレンジも好まれます。夏のおすすめはスイカとの組み合わせ。喉ごしがよく、さわやかな甘みと酸味のバランスが楽しめます。

材料(3～4人分)

じゃがいも …… 200g
りんご …… 200g
たまねぎ …… 150g
無塩バター …… 30g
チキンブイヨン …… 200㎖
牛乳 …… 300㎖
塩 …… 適量
白こしょう …… 少々
ブルーチーズ ※…… 適量
バゲット …… 適量
生クリーム …… 適量

※ここではフルムダンベールを使
用。ブルードーベルニュ、ゴルゴン
ゾーなどマイルドなタイプが向く。

作り方

1. じゃがいもは皮をむき、薄切り
にする。りんごは皮をむき、種を取
り、いちょう切りにする。たまねぎ
は薄切りにする。
2. 鍋に無塩バターを溶かし、たま
ねぎが透き通ってくるまで炒める。
じゃがいもとりんごも加えて炒め合
わせる。
3. 2にチキンブイヨンを注ぎ、ふた
をしてじゃがいもがやわらかくなる
まで中火で煮る。牛乳を加えてひと
煮立ちさせてから、ハンドブレンダ
ーでなめらかになるまで攪拌し、
塩、白こしょうで味をととのえる。
4. 器に盛り、生クリーム、薄くス
ライスしてトーストしたバゲット、
一口大に切ったブルーチーズ、皮付
きのまません切りにしたりんご(分
量外)をトッピングする。

France

りんごとじゃがいものスープ

Soupe aux pommes et pommes de terre

フランス語でりんごはポム、じゃがいもは"大地のりんご"という意味のポム・ド・テ
ールと言います。果実のりんごと大地のりんごを組み合わせたスープは、素朴な味わ
いの中にりんごの香りが効いていて、印象的な味わいです。トッピングにせん切りり
んごとブルーチーズを添えるのがポイントです。フレッシュなりんごの味わいと、ブ
ルーチーズのコクが合わさって、パンによく合います。

材料(3〜4人分)

栗※ ……（正味)300g
たまねぎ …… 150g
無塩バター …… 30g
チキンブイヨン …… 300㎖
牛乳 …… 300㎖
ベーコン …… 適量
イタリアンパセリ …… 少々
塩 …… 適量
白こしょう …… 少々
黒こしょう …… 少々

※ここでは和栗で作っているが、ヨーロッパ産のむき栗で作ってもよい。

作り方

1. 栗は皮をむき、4等分に切る。たまねぎは薄切りにする。
2. 鍋に無塩バターを溶かし、たまねぎが透き通ってくるまで炒める。栗も加えて炒め合わせる。
3. 2にチキンブイヨンを注ぎ、ふたをして栗がやわらかくなるまで中火で煮る。ここでトッピング用に栗を適量取り出しておく。牛乳を加えてひと煮立ちさせてから、ハンドブレンダーでなめらかになるまで攪拌し、塩、白こしょうで味をととのえる。
4. 器に盛り、短冊切りにしてソテーしたベーコン、イタリアンパセリのせん切り、**3**で取り出した栗を粗く砕いたものをトッピングする。仕上げに粗く砕いた黒こしょうをかける。

France

栗のスープ

Soupe de châtaignes

こっくりとした栗の甘みが生きたスープは、秋ならではの味わいです。ベーコンでコクを、黒こしょうの香りを添えることで、全体が引き締まります。白いパンよりもライ麦パンや全粒粉パンとの相性が特によく、手に入るなら栗粉入りのパンとの組み合わせもおすすめです。

材料(2人分)

牛もも肉(ステーキ用)
…… 1枚(200g)
ルッコラ …… 適量
ぶどう(巨峰) …… 6粒
パルミジャーノ・レッジャーノ… 適量
バルサミコ酢 …… 大さじ4
E.V.オリーブ油 …… 適量
塩 …… 少々
白こしょう …… 少々
黒こしょう …… 少々

作り方

1. 牛もも肉は室温に戻し、塩と白こしょうをふる。
2. フライパンにE.V.オリーブ油を熱し、中火で**1**を焼く。両面に焼き色がついたらバットに取り出す。
3. **2**のフライパンで半分に切ったぶどうをさっとソテーしてバットに取り出す。
4. ソースを作る。**3**にバルサミコ酢を入れて中火にかけ、半量になるまで煮詰める。塩を加えて味をととのえる。
5. **2**をスライスして器に盛る。食べやすい大きさに切ったルッコラを添え、**3**をのせて、**4**をかける。ピーラーで薄切りにしたパルミジャーノ・レッジャーノをのせ、粗く砕いた黒こしょうをかける。

Italy

牛肉のタリアータ
ぶどうとルッコラを添えて

Tagliata di manzo con uva e rucola

イタリア語でタリアータとは"薄く切った"という意味で、たっぷりの野菜と一緒にいただくシンプルな料理です。ぶどうのソテーとバルサミコ酢を合わせることでフルーティーさが引き立ち、牛肉がさっぱりといただけます。パンにはさんで、サンドイッチにしていただくのも美味。赤ワインと一緒にどうぞ。

材料(2人分)

鴨むね肉(マグレ・ド・カナール)
…… 1枚(300g)
塩、白こしょう …… 適量
無塩バター …… 10g
オレンジ …… 1/2個
オレンジピールのコンフィ
(p.146参照) …… 適量
クレソン …… 適量
ビガラードソース
　オレンジジュース …… 150㎖
　フォンドヴォー …… 100㎖
　グラニュー糖 …… 30g
　赤ワインヴィネガー …… 大さじ2
　塩、白こしょう…… 少々
　黒こしょう……5粒

作り方

1. ビガラードソースを作る。鍋にグラニュー糖と赤ワインヴィネガーを入れて火にかける。キャラメル状に色づいてきたらオレンジジュースを加えて伸ばす。粗く砕いた黒こしょうを加えて半量程度まで煮詰めてから、フォンドヴォーを加えてさらに煮詰める。塩、白こしょうで味をととのえる。

2. 鴨むね肉は皮に格子状に切り込みを入れてから常温に戻す。塩、白こしょうをふり、フライパンに皮目を下にして入れ、無塩バターも加えて、弱火でじっくりと焼く。脂が出てきたらスプーンですくい、鴨の身全体にかける。これを繰り返しながら、身の表面が白っぽく火が通り、皮全体がきつね色になりなったら裏返し、身側も約1分焼く。

3. 網をのせたバットに**2**を皮目を上にしてのせ、160℃に予熱したオーブンで約5分焼く。

4. **3**をオーブンから出し、アルミホイルをかぶせて20分ほど休ませる。

5. オレンジは皮をむき、小房に分ける(p.21切り方7参照)。

6. **4**をスライスし、器に盛る。**1**をかけ、**5**とオレンジピールのコンフィとクレソンを添え、仕上げに粗く砕いた黒こしょうをかける。

France

鴨のソテー ビガラードソース

Magret de canard sauce bigarade

クラシックなフランス料理の一皿ですが、肉料理にフルーツを合わせる際のメニューの組み立ての基本が詰まっています。オレンジジュースを煮詰めて作るビガラードソースは、グラニュー糖をキャラメリゼすることで甘みだけでなく苦みとコクがプラスされ、また、ヴィネガーの酸味が合わさることで、脂ののった鴨肉の濃厚な味わいが引き立ちます。

フランスパンにはさめば、とびきり贅沢なサンドイッチになる。

France
レバーと果実のテリーヌ
Terrine de foie de volaille aux châtaignes et fruits secs

鶏レバーを主体にした濃厚な味わいのテリーヌは、鶏レバーと豚バラ肉のバランスが絶妙です。甘栗とドライフルーツの甘みや酸味がアクセントになり、レバーが苦手な方でもおいしく感じられることでしょう。手間はかかりますが、テリーヌの中では比較的材料がそろえやすく、手順通りに作れば失敗が少なく、パンとワインが進む、おすすめのレシピです。バルサミコ酢をとろみがつくまで煮詰めて、塩、白こしょう少々を加えたソースを添えるとよりおいしくいただけます。

材料
（容量約0.7ℓのテリーヌ型1本分）

鶏レバー …… 400g
豚バラ肉 …… 200g
たまねぎ …… 100g
無塩バター …… 10g
卵 …… 1個
生クリーム …… 50㎖
ポートワイン（ルビー） …… 大さじ1
コニャック …… 大さじ1
塩 …… 7g
グラニュー糖 …… ひとつまみ
白こしょう …… 0.5g
むき甘栗 …… 10粒
ドライいちじく …… 4〜6個
ドライプルーン …… 4〜6個

作り方

1. 鶏レバーは余分な脂や筋を取り、血の塊や血管も冷水で洗い流す。氷水に入れ、15分つけて血抜きする。

2. 1をざるに上げて軽く塩（分量外）をふって少しおき、ペーパータオルで水分をふき取る。バットに入れてポートワインをふりかけ、冷蔵庫で3時間から一晩おく。

3. 豚バラ肉は5㎜の角切りにし、コニャックをかけて冷蔵庫で3時間から一晩おく。

4. オーブンを160℃に予熱する。たまねぎはみじん切りにし、バターで色づくまで炒め、冷ましておく。

5. 3をフードプロセッサーに入れて軽く回し、2の半量、塩、グラニュー糖、白こしょう、卵、4を加えて全体がもったりとしてよくなじんだ状態になるまでフードプロセッサーにかける。最後に生クリームを加えてひと回しする。

6. テリーヌ型の内側に無塩バター（分量外）を塗り、オーブンペーパーを敷く。はじめに5の1/4量を入れ、次に2の残りの半量のレバーを並べ、その隣にむき甘栗が一列に並ぶように入れる。

7. さらに5の1/4量を入れ、ドライいちじくを一列に並べる。その隣に残りのレバーを並べてから、5の1/4量を入れる。真ん中にドライプルーンを一列に並べ入れたら、残った5を全て流し込み、表面を平らにする。

8. テリーヌ型を湯煎用のバットに入れて、熱湯をたっぷり注ぎ、160℃のオーブンで75分湯煎焼きする。最初の45分はふたをして焼き、その後はふたを外す。焼き上がりはテリーヌの中心温度を計って確認する。70℃に達していなければさらに加熱する。

9. オーブンから取り出し、上に重しをのせ、氷水を張ったバットに入れて粗熱を取る。粗熱が取れたら、重しをしたまま一晩冷やす。

材料（丸鶏一羽分）

丸鶏（小） …… 1kg
無塩バター …… 30g
塩 …… 適量
白こしょう …… 少々
クレソン …… 1束
ファルス（詰め物）
　鶏レバー …… 100g
　たまねぎ …… 50g
　にんにく …… 1/2片
　無塩バター …… 1 5g
　バゲット …… 25g
　むき甘栗 …… 50g
　ミックスナッツ …… 10g
　パセリ（みじん切り） …… 大さじ1
　塩 …… 少々
　白こしょう … 少々

作り方

1. 丸鶏は常温に戻しておく。
2. 鶏レバーは脂肪を取り、一口大に切ってから冷水で洗う。水を3回替え、血管の塊があれば取り除く。レバーをボウルに入れ冷水を入れて30分ほどおいてからざるに上げ、塩をふる。ペーパータオルで水気をしっかりふき取る。
3. ファルス（詰め物）を作る。にんにくとたまねぎはみじん切りにし、無塩バターを溶かしたフライパンで炒める。たまねぎが透き通ってきたら2を加えて炒め合わせ、塩、白こしょうで味をととのえる。1cm角に切ったバゲット、むき甘栗、粗く刻んだミックスナッツ、パセリを加えて混ぜ合わせる。
4. 丸鶏はお腹の中に塩、白こしょうをふり入れてから3を詰め、皮を伸ばして、楊枝か竹串で縫うように閉じる。両足はたこ糸でしっかりとしばる。全体に塩、白こしょうをすり込む。
5. フライパンに無塩バターを溶かし、4を焼く。表面全体がきつね色になるように位置を変えながら焼きつける。
6. 5をバットにのせ、200℃に予熱したオーブンで約50分焼く。10～15分ごとにオーブンから取り出し、肉汁を表面にかけながら焼く。肉汁が透明になってきたらオーブンから取り出す。温かい場所で約30分休ませる。
7. 6を器に盛り、クレソンを添える。

France

甘栗とレバーを詰めた
鶏のロースト

Poulet rôti farci aux châtaignes et foie de valaille

香ばしく焼けた鶏のローストは、フランスでは一年中食べられる定番メニューです。ここではたっぷりの詰め物をして、ごちそう風に仕上げました。甘栗の甘みとレバーの相性がよく、肉汁を吸い込んだバゲットが全体を調和させます。

179

07

果実とパンと
チーズの楽しみ方

ブルーチーズをはさんだ
いちじくとバゲットのグラタン

熟したいちじくの濃厚な味わいは、ブルーチーズによく合います。カリッと焼いた一口大のバゲットの上にブルーチーズをはさんだいちじくをのせて、オーブンに入れます。はちみつを合わせて焼き上げることで、とろりとなじんで、パンと果実とチーズが調和します。前菜としても、食後のデザートとしても楽しんでいただけます。

材料(容量1ℓのグラタン皿分)

いちじく※ …… 450g
バゲット …… 80g(約1/3本)
無塩バター …… 10g
ブルーチーズ※※ …… 50g
はちみつ …… 25g
タイム(フレッシュ) …… 適量

※ここでは国産品と輸入品の3種類のいちじくを使用。使用品種:桝井ドーフィン3個、ブラック・ミッション(カリフォルニア産黒いちじく)10個、フィレンツェ(イタリア原産白いちじく)3個。

※※ここではゴルゴンゾーラ・ピカンテを使用。フルムダンベールやブルードーベルニュなど、マイルドなタイプのブルーチーズが向いている。

作り方

1. バゲットは一口大に切り、オーブントースターで全体が色づくまでトーストする。
2. 耐熱皿の内側に無塩バターを塗り、1をのせる。
3. いちじくは上部を切り落とし、上から十字に切り込みを入れる。小さく切ったブルーチーズを切り込みにいれ、2の上に並べる。
4. 3の上にタイムをのせ、はちみつをかける。220℃に予熱したオーブンで約8分焼く。
5. バゲットといちじくを合わせて取り分け、好みではちみつ(分量外)をかける。

＊前菜にする場合は、はちみつの量を減らし、生ハム(プロシュート)を添えて、E.V.オリーブ油をかけて焼き上げてもよい。

とろりと焼けたいちじくと、いちじくの風味がしみ込んだバゲットをスプーンで一緒にいただく。お好みでバニラアイスクリームを添えてもよい。

アメリカンチェリーと
カマンベールのケーキ仕立て

白カビチーズは色々な果実と合わせやすく、フレッシュなフルーツは
もちろんのこと、ジャムやドライフルーツ、ナッツを複数組み合わせ
て楽しむことができます。カマンベールのサイズ感を生かしてケーキ
仕立てにしたものは、お気に入りの一皿。ワインと一緒に楽しむ、大
人のバースデーやパーティーメニューとしておすすめです。

材料(1個分)

カマンベール(フランス産)※ …… 1個(250g)
無塩バター …… 20g
アメリカンチェリー …… 15〜20粒
プルーンジャム(p.28参照)※※ …… 50g
ミント …… 少々

※ブリーやクロミエなど、他の白カビチー
ズを使ってもよい。

※※チェリージャムや好みの赤いフルーツ
のジャムに替えてもよい。

作り方

1. 無塩バターは常温に戻す。
2. カマンベールは横から半分に切り、カット面に1
を塗る。
3. アメリカンチェリーは軸と種を取る。4個はトッ
ピング用に半分に切る。
4. 2の下面の上にアメリカンチェリーをまるごと並
べる。アメリカンチェリーの間にプルーンジャム
35gをのせ、2の上面をかぶせて手のひらで軽く押
さえて密着させる。
5. 4の上に残りのプルーンジャムをのせ、半分に切
ったアメリカンチェリーをのせる。仕上げにミント
を添える。

＊いちごやラズベリー、ぶどう、季節のフルーツで
アレンジしてもよい。
＊冷蔵庫で30分程度冷やし固めると、切りやすい。

ケーキのように切り分けて、パンにのせ
ていただく。ライ麦パンや田舎パンがお
すすめ。

185

チーズと果実のテリーヌ

白カビチーズとブルーチーズを組み合わせた簡単テリーヌは、間に塗ったはちみつバターとトッピングの果実とのバランスが絶妙です。ドライフルーツは白ワインをふりかけてしっとりさせることで、チーズになじみ、風味よく仕上がります。バゲットや田舎パンにたっぷり塗って、ワインと一緒にどうぞ。

材料(容量400㎖のテリーヌ型分)

好みの白カビチーズ
(ここではブリーを使用) …… 300g
好みのブルーチーズ
(ここではブルードーベルニュを使用) …… 120g
無塩バター …… 60g
はちみつ …… 25g
好みのドライフルーツ※ …… 50g
白ワイン …… 大さじ2〜3
くるみ(ロースト) …… 適量

※レーズン、ドライいちじく、ドライアプリコット、ドライりんご(p.17参照)を使用。

作り方

1. ドライフルーツは食べやすい大きさに刻み、白ワインをふりかけて冷蔵庫で一晩なじませる。
2. 常温に戻した無塩バターとはちみつを練り合わせる。
3. テリーヌ型にスライスした白カビチーズの半量を入れ、**2**の半量を塗り伸ばし、さらにスライスしたブルーチーズを重ねる。さらに**2**の残りを塗り伸ばした上に、残りの白カビチーズを重ねる。
4. **3**の上に**1**と刻んだくるみをのせ、冷蔵庫で冷やし固める。

フォンテーヌブローと
ブルーベリーのコンフィチュール

フランスのフレッシュチーズ"フロマージュ・ブラン"と生クリームで作るふんわりとしたデザートは、フルーツと合わせることでその酸味と甘みのバランスが際立ちます。フルーツの味わいが凝縮したコンフィチュールと、フレッシュなフルーツをダブルで組み合わせて、パンにたっぷりのせていただくのがおすすめです。ここではフロマージュブランを水切りヨーグルトで代用した手軽な作り方を紹介します。

材料(3〜4人分)
水切りプレーンヨーグルト※
……（水切り後)450g
生クリーム(乳脂肪分42%) …… 200㎖
グラニュー糖 …… 16g
はちみつ …… 30g
ブルーベリーのジャム(p.31参照) …… 適量
ブルーベリー …… 適量

※水切りプレーンヨーグルト
プレーンヨーグルトはペーパータオルを敷いたざるに上げ、ざるよりも一回り小さいボウルにのせる。ラップをして、冷蔵庫で一晩水切りする。水切り後の重量は、半量が目安。

作り方

1. 水切りプレーンヨーグルトにはちみつを混ぜ合わせる。
2. 生クリームにグラニュー糖を加え、8分に泡立てる。
3. 1と2をよく混ぜ合わせてから、星形の口金を付けた絞り袋に入れる。
4. ココット型など、小ぶりの器にガーゼを敷き、3を絞り入れ、冷蔵庫で冷やす。大きな器にまとめて作って取り分けてもよい。
5. 4にブルーベリーのジャムとブルーベリーを添える。

＊器にガーゼを敷き込むことで、余分な水分を吸い取り、ふんわりしながらも締まったクリームに仕上がる。フルーツはお好みで。ラズベリーやいちごなどのベリー系、また、あんずやプルーンなど、酸味と甘みのバランスがよいフルーツが合う。

バターと卵がたっぷりのリッチなブリオッシュとの組み合わせがおすすめ。贅沢な味わいのデザートとしてはもちろん、週末の朝食にも。ブリオッシュは軽くトーストしてから合わせてもよい。クロワッサンに合わせても美味。

チーズと果実の
パン・シュープリーズ

「パン・シュープリーズ(Pain surprise)」とは、フランス語で"びっくりパン"のこと。大きなパンをくり抜いて、中身をサンドイッチにするのが定番ですが、横からスライスして、チーズと果実を重ね、ケーキのように仕上げました。チーズとパンがなじんだ一体感のある味わいが新鮮です。

材料(1個分)

パン・ド・カンパーニュ……1個(220g)
クリームチーズバター※……40g
ドライ柿(p.17参照)……60g
ミックスナッツ(ロースト)……50g
ドライプルーン……80g

※クリームチーズバター(作りやすい量)
クリームチーズ200gと無塩バター170gを常温に戻し、はちみつ20g、塩ひとつまみを混ぜ合わせる。

作り方

1. パン・ド・カンパーニュは横から4等分にスライスする。

2. 1の底面から具をはさんでいく。最初にクリームチーズバターの1/6量を一番下のパンに塗り、ドライ柿を並べ、クリームチーズバターの1/6量を塗ったパンではさむ。クリームチーズバターとドライ柿がしっかりなじむように上から押さえる。

3. 2の上にクリームチーズバターの1/6量を塗り、ミックスナッツをのせ、クリームチーズバターの1/6量を塗ったパンではさみ、上からしっかりと押さえる。

4. 3の上にクリームチーズバターの1/6量を塗り、ドライプルーンを並べ、残りのクリームチーズバターを塗ったパンではさむ。全体が接着するように上からしっかりと押さえ、ラップで包み、冷蔵庫で1時間程度冷やし固める。

5. 食べやすい大きさに切り分け、好みではちみつ(分量外)をかける。

ドライフルーツとナッツは好みのものを自由に組み合わせてアレンジできる。ドライフルーツはあらかじめワインやラム酒漬け込んでから使ってもよい。

ナガタユイ
Food coordinator

食品メーカー、食材専門店でのメニューおよび商品開発職を経て独立。サンドイッチやパンのある食卓を中心に、メニュー開発コンサルティング、書籍や広告のフードコーディネートなど、幅広く食の提案に携わる。日本ソムリエ協会認定ソムリエ、チーズプロフェッショナル協会認定チーズプロフェッショナル、中医薬研究会認定中医国際薬膳士、ル・コルドンブルー・グランディプロム取得。著書に『サンドイッチの発想と組み立て』『卵とパンの組み立て方』（ともに誠文堂新光社）、『テリーヌ＆パテ』（河出書房新社）などがある。

参考文献
『フランス 食の事典』（白水社）、『新ラルース料理大辞典』（同朋舎）、
『図説 果実の大図鑑』（マイナビ出版）
『「オーボンヴュータン」河田勝彦のフランス郷土菓子』（誠文堂新光社）

調理アシスタント　坂本詠子、桐生恵奈
撮影　　　　　　　髙杉 純
デザイン・装丁　　那須彩子（苺デザイン）
編集　　　　　　　矢口晴美

フルーツサンドの探求と料理・デザートへの応用
果実とパンの組み立て方

2020年 2 月16日　発　行　　　　　NDC596
2020年10月10日　第 2 刷

著　者　ナガタユイ
発行者　小川雄一
発行所　株式会社 誠文堂新光社
　　　　〒113-0033　東京都文京区本郷3-3-11
　　　　（編集）電話03-5800-3621
　　　　（販売）電話03-5800-5780
　　　　https://www.seibundo-shinkosha.net/
印刷所　株式会社 大熊整美堂
製本所　和光堂 株式会社